日本語
ライブラリー

プロセスで学ぶ
レポート・ライティング
―アイデアから完成まで―

細川英雄

舘岡洋子

小林ミナ

[編著]

朝倉書店

執筆者一覧

細川英雄	早稲田大学大学院日本語教育研究科	（第Ⅰ部，第Ⅱ部第1章）
舘岡洋子	早稲田大学大学院日本語教育研究科	（第Ⅱ部第2章）
小林ミナ	早稲田大学大学院日本語教育研究科	（第Ⅱ部第3章）
広瀬和佳子	桜美林大学基盤教育院	（第Ⅱ部第4章1・2・3）
三代純平	徳山大学経済学部	（第Ⅱ部第4章4）
舩橋瑞貴	北星学園大学	（第Ⅱ部第4章5・6）

（執筆順）

この本を手にとった方へ──本書の使い方

この本の新しさと特徴

　この本は，レポートや報告などの文章（ここでは，「レポート」とする）を作成するとき，何をどう書き，どこをどう組み立てていけばいいのだろうというような悩みを持っている人に向けたものです．

　これまで具体的な場面を想定した仮想の文章例集のようなものはありましたが，具体的に「レポート」作成とそのプロセスに特化したテキストはなかったといっていいと思います．その意味で，この本は，人文・社会系の学生，社会人に向けた，レポートや報告などの文章の作成の手引きとなるテキストをめざしています．とくに，全体から部分へという大きな流れに基づき，単なる表現や文型の解説あるいは事例集にとどまらない，実用的な新しい教科書となるものだと考えています．

　ここでの「レポート」というのは，10ページ（10000～12000字）くらいで自分の考えをまとめようとしている人を想定しています．

　たとえば，短大や学部・大学院の科目レポート，卒業論文，修士論文，また現職教師らによる研修レポートや実践報告などがありますが，企業での企画書・報告書の類の執筆も念頭に置きました．また，参照文献の記述の統一を図りたいときなどに，気軽に手にとってもらって，ガイドブック代わりに使えることも目指すため，すでに職業として書くことに携わっている人にも便利なものとなることも考えました．いま，なんらかのテーマを持ってレポートを書こうと考えている人，また，これから教育や研究に携わろうとする人や書くことを職業として選択しようとする人にとって有用なテキストとなることでしょう．

　この本の新しいところは，「レポート」という大きな文脈のなかで，自分の書こうとするものをどのように組み立てていくかという読者一人ひとりの意思を尊重しつつ，そこには，どのような構造があるかを明らかにする点です．常に忘れてならないのは，全体の文脈ということです．したがって，一つひとつの語・表現や文型などを取り出して解説するということは極力避けています．

また，レポート作成で一番重要なことは，書き手の側からは，書いたものが相手に伝わるかであり，読み手の側からは，書かれていることが理解できる，ということです．つまり，書き手の立場と読み手の立場の両方に立つことによって，それらは見えてきます．そして，そこには，大きな観点から小さな観点へ，つまり全体から部分へという，ことばによる活動の流れがあることが注目できるでしょう．

　これまでの文章表現法では，対象の部分を細かく記述すれば，全体がみえてくるように書かれていることが多かったようです．しかし，人間の言語活動は，まず対象の全体に対する個人の感覚があり，その感覚に基づいて外枠が形成されます．この外枠がいわゆる「テーマ」といわれるものです．

　このテーマは，本来，個人の中にある興味・関心から生まれるものですが，状況によっては外から与えられる場合もあります．ただ，その場合でも，そのテーマを自分の問題として捉えるという視点が執筆のための強い動機になるに違いないと思います．

　したがって，この本では，あくまでもこの個人の「テーマ」の形成・把握を尊重しつつ，その後から少しずつ細部に切り込んでいくスタイルをとりました．この法則は，学部や大学院のレポートからはじまって，現場研修レポートや現職教師の実践報告はもちろんのこと，とくに企業での企画書・報告書の類の執筆の際にもきわめて有効であろうと考えます．

　この本の，もう一つの特徴は，レポート執筆の折のさまざまな約束ごとの整備です．

　この方面は心理学が先進分野で，すでに書籍もいくつか出版されていますが，人文社会系全体にはまだほとんど浸透していません．とくに若い教育研究者層には早い時期での情報共有が必要なのですが，教育研究現場ではこの問題も徹底していません．また，すでに教育研究者としてのキャリアを積んだ人たちの間でも，細かい約束ごとはまだ明文化されていないのが現状です．この本では，この問題を整理し，こうしたレポート執筆約束ごと小事典のような役割も果たしたいと思います．ただ，この約束も，外から規定されるのではなく，「なぜこのルールなのか」ということに気付くことが重要であると考え，この本では，こうしたルールへの気付きを主眼においています．

以上の事柄を踏まえ，レポートを書こうと試みるすべての人にとって，まず自分の「テーマ」の発見からはじまり，細部にいたる検証を経て，さまざまな約束ごとをクリアしたとき，レポートははじめて形をなすことを丁寧に記述し，文章表現の新しい方法論を確立しようと考えました．

いいレポートとは何か

　レポートを書く場合に目指すべきは，「いいレポート」です．

　しかし，実際に「いいレポートとは何か」という議論はあまり行われてきませんでした．

　この本では，「いいレポート」のポイントを以下のように考えます．

- オリジナリティのある主張
- 主張を裏付ける根拠
- わかりやすい構成

　第1に，レポートには，必ず主張が必要です．主張というのは，自分自身の意見であり考えでもあります．しかし，その主張が意味のあるものになるためには，オリジナリティ（固有性）を持っていることが不可欠になります．この場合のオリジナリティというのは，そのテーマを自分の問題として捉え，そこから筆者ならではの意見，つまりその人でなければ書けないものとなっているかということです．

　第2に，その主張には根拠が必要です．主張を裏付ける証拠といってもいいでしょう．その根拠を提示することで，読者がなるほどと納得することが必要なのです．

　第3は，レポート全体をどのような構成で提示するかです．第Ⅱ部で詳述しますが，レポートは，必ずつぎのような組み立てになっています．

- 問題提起（問い）
- 本論（証拠の内容）
- 結論（答え）

　この3部構成は，問いと答えの関係になっていて，これを崩すと，結局何をいっているのかわからない文章になってしまいます．

　この本では，「いいレポート」は，以上の3つの要素をしっかり持ったもので

す．しかし，初めから，このようなレポートが出来上がるわけではありません．問いと答えの繰り返しのプロセスから，少しずつレポートは姿を現します．その様子を本文第Ⅰ部の大和武蔵のひとりごとに付き合いながら考えてみてください．

この本の組み立てと考え方

　第Ⅰ部の体験編は，テーマの立て方からはじまってレポートが完成するまでのプロセスの具体的な体験の事例としました．第Ⅱ部の執筆編では，構成・対話・言語・形式の分野から，具体的にレポートを書くにあたって参照項目をそろえ，レポートらしい枠組みの形成に役立つ執筆の参考資料としています．とくに第1章「構成を考える」でレポートの組み立ての構成の概略を示し，第2章「対話から考える」では実際の執筆過程における，さまざまな協働関係について述べ，第3章「言語からみるレポート作成のプロセス」で文章から文・語のレベルへの構造への気付きを喚起し，第4章「形式を決める」では，なぜこのルールなのかということを読者が考えるための指針を具体的に示しました．

　これまでのレポートの書き方では，まず，いい文章を書くには，文法・語彙・漢字などに気を付けて正しい日本語を書こうというような論調のものが多かったのですが，それは優れた文章に学ぼうという姿勢が強かったからだといえるでしょう．その結果として，すでに書かれたものを観察・分析し，その研究成果を応用することで，その人にとってもいいレポートが書けると考えられてきました．

　これに対し，近年では，実際に使う状況や場面・文脈，相手との人間関係などに照らして適切な表現を用いることが必要だとされるようになりました．いつ・どこで・誰に・どのように，ということに焦点をあてるものが増えてきて，その成果を生産活動に活かそうとする研究が多くなったといえるでしょう．これはことばを静的に固定化したものとみる見方から，動態的なものと捉える考え方に移ってきたことを示すものだといえます．

　そこで登場したのが，いつ・どこで・誰に・どのように，という言語表現の要素を数多く項目化して，これをもとに「適切な表現」群を整備することでした．

　しかし，実際の執筆という行為は，より立体的・重層的・動態的であり，観察・分析の成果を取り入れれば能事足れりではないことが明らかになってきま

した．同時に，こうした「適切な表現」観だけでは，レポートを書くという行為が困難なことも実感されているのです．

すなわち，書くという行為は，その人にしか体験できない環境の中に自らを置かない限り不可能だということがわかってきたためです．

つまり，実際の書くという行為は，情報のインプット・認知と振り返り・内省・他者からのフィードバック，といった複合的な状況のなかで繰り返し行われるものですが，これは常に一回性のものであるため，どんなに「適切な表現」群を準備しても，その場になればほとんど役に立たないばかりか，そうした知識・情報がかえって思考と執筆の妨げになるということさえあるということに私たちは気付かなかったからなのです．

したがって，何かを書くためには，そうした固有の環境が設定され，そのような状況に追い込まれることが必要なのですが，そうした状況は本人でなければ訪れないし，そうした経験のすべては一回性のものなのです．しかも，こうした書籍の形式では残念ながらそうした状況を再現することは事実上，不可能なのです．だからこそ，書くという行為は，すべての人にとっての永遠の憧れでもあるわけです．

そこで，一人の主人公の体験を，この本のなかでの追体験を通して考える環境を設定してみようとするわけです．ちょうど小説を読むことで，他の人の人生を追体験するのと同じことです．ただ，その経験を味わったとしても，すべての人が同じように感じるわけではありませんし，それぞれ受け止め方も異なります．ですから，ここでは，まず体験から入って，その後に実際の執筆の際の具体的な内省を促すような項目を用意したのです．

しかし，いい小説を読んだからといって，すぐに芥川賞が取れるようなものではないことは周知のとおりです．ここでレポートを書くという行為が，小説を書く行為と決定的に異なるのは，日常の学校や仕事で，私たちはいつもレポートを書くという作業を行っていて，その「考えること」「書くこと」という行為は，すべての人に共通の課題だからです．

そのような意味で，このレポート作成プロセスに寄り添い，それぞれの自分の環境のなかで，同じような経験を試みることによって，一人ひとりのレポートが形をなすことを願いたいと考えるのです．

この本の使い方

　本書の活用に特定の決まりはありませんが，編集の立場からの使い方について簡単に述べておきましょう．

　この本の読者には，まず第Ⅰ部の体験編で，レポート作成のプロセスをぜひ追体験してほしいと思います．第Ⅱ部以降の執筆編でも，この体験編に基づく記述がなされていますし，何よりもこの体験を共有することがとても重要です．

　この体験編を読みながら，感じたこと，考えたことを，自分の執筆に活かすような方向を勧めたいと思います．

　この本での大和武蔵の研修レポート作成のプロセスは，そのまま自分が「考えていること」を表現するために必要な悪戦苦闘の体験の記録です．なぜなら，私たち一人ひとりが「表現すること」にとって大切なのは，とにかく表現すること，そしてそのための「考えること」のプロセスだからです．

　たしかに，ことばの力を身につけることは，そうたやすいことではありません．しかし，その〈表現すること〉と〈考えること〉のプロセスを理解し，自分のいいたいことを探り，他者に向けてたえず発信することで，確実にその力は向上します．ことばの力は，出来上がったものを他から受け取ることでは身につきません．ことばの力を自分のものとするには，それぞれの社会での他者とのやり取りの中で，書くべき内容と自分との関係にしっかり向き合う必要があるからです．このような観点から考えてみると，従来の言語表現法に関する考え方とは，まったく異なる方法が可能になることがわかります．つまり，表現技術を目的として学ぶのではなく，自分とテーマの関係は何かを考え，その上で，自分の書く内容と文章の構造を相対化する眼を養うことです．このことによって，おのずと書きたいことがみえてくるからです．

　ことばを自分のものにしたいと考えるすべての人のために，この本はあります．まずは，自分を実験台とし，仕事，学業，家庭などのさまざまなところで，この方法を試みてください．考えていることをことばにすること，そして，そのことばを自分のものとして操る技法を，いまここに示したいと思います．

　　2011年5月

編著者一同

目　次

第Ⅰ部　体験編

研修第1回　レポート・プロジェクト
　　　　　　―オリエンテーションとメンバー紹介 …………… 1

研修第2回　キーワードからブレーンストーミングへ ………… 3

研修第3回　問題設定文の作成 …………………………………… 6

研修第4回　問題設定の議論 ……………………………………… 11

研修第5回　全体の構成を考える ………………………………… 17

研修第6回　国際化と英語 ………………………………………… 21

研修第7回　私にとってのことば ………………………………… 27

研修第8回　個人と社会を結ぶもの
　　　　　　―ことばとアイデンティティ ……………………… 32

研修第9回　全員で全体を振り返る ……………………………… 38

研修第10回　終章の内容検討から「まとめ」へ ………………… 53

研修第11回　自分の考えていることを実現できる企業
　　　　　　―個人共生型企業というアイデアへ ……………… 59

研修第12回　全体から部分へ，部分から全体へ ………………… 66

研修第13回　最終的な調整 ………………………………………… 81

第II部 執筆編

第1章 「構成」を考える ——————————— 95

1. 「いいレポート」の条件　95
    - （1）オリジナリティのある主張　95
    - （2）主張を裏付ける根拠　96
    - （3）わかりやすい構成　96
    - （4）全体から部分へ，部分から全体へ　97
2. 「体験編」の構成の実際　98
    - （1）13回の体験を振り返る　98
    - （2）体験の実際と構成の関係　101
3. 「いいレポート」とは何か　102
    - （1）「いいレポートとは何か」という議論　102
    - （2）国語教育・日本語教育の場合　103
    - （3）対話と評価　104
    - （4）環境としてのオリジナリティ　104

第2章 「対話」から考える ——————————— 107

1. はじめに　107
    - （1）なぜ対話なのか――対話活動としての書くこと　107
    - （2）書くプロセスでの「他者との対話」　108
    - （3）書くプロセスでの「自己との対話」　109
    - （4）この章のねらい　110
2. 対話のプロセス　111
    - （1）ソロ→インターアクション→ソロのプロセス　111
    - （2）小野の場合　112
3. 他者との対話　124

        (1) リソースの拡大，視点の多角化　124
        (2) 思考の整理・明確化と深化・進化　124
        (3) 創発――オリジナリティの獲得　125
        (4) 他者との対話における「重なり」と「異なり」　127
        (5) 他者との対話とレポートの評価　128
    4. 自己との対話　129
        (1) 考えていることを表現する　129
        (2) 自分にとっての問いと答え　130
    5. テーマをめぐる他者との対話，自己との対話と成長　130

第3章 「言語」から考える ―――― 133

    1. はじめに　133
        (1)「書くこと」は「考えること」　133
        (2) オリジナリティと根拠　134
        (3) この章のねらい　135
    2. ことばを選ぶ　135
        (1)「社内のカスタマーサポート」　136
        (2)「国際化」と「グローバル化」　137
        (3)「国際化」の定義　140
    3. 議論の可能性を閉ざさない　141
        (1) レポートは主観的な文章である　141
        (2) 議論を俎上にのせる　143
        (3)「そう簡単には言えない」　145
    4. 全体を組み立てる　146
        (1) 主張と事例を結び付ける　146
        (2) 2つを並べる　149
        (3) わかりやすく見せる　151
    5. 考えながら書く，書きながら考える　153

第4章 「形式」を決める ──────────── 154

    1. はじめに   154

    2. タイトル   154

    3. 見出し   156

    4. 引用   160

    5. 注   166

    6. 文献リスト   168

なぜ対話プロセスを体験するのか──あとがきにかえて   174

索   引   176

第 I 部
体験編

　ここでは，ある企業で臨時採用となったフレッシュマンが社内研修プロジェクトに参加し，「国際化とコミュニケーション」というテーマでレポートを完成させることになった体験を描く．

　大和武蔵は，この春大学を卒業し，出版社A社に臨時採用されたが，3か月後の本採用と部署配属のために社員研修プロジェクトに参加し，レポート作成を行うこととなった．そのレポートは，本人の適性や能力を上げるための研修の意味も兼ねていて，毎日の業務のほかに，週1回，金曜日の午後のプロジェクトに参加し，そこで一定の成果をあげることが義務付けられている．

大和武蔵

　ここでは，プロジェクトでのメンバーのやり取りと大和武蔵の一人称の語りをとおして，研修プロジェクトにおけるレポート作成のプロセスを追っていくことにする．

研修第1回
レポート・プロジェクト──オリエンテーションとメンバー紹介

　レポート・プロジェクト，この研修はそう呼ばれていた．金曜日午後3時になると，最上階のセミナー室に行く．そこには4人のメンバーがいて，A社の専属編集者である新野孝美課長の指示のもと，夕方までレポート作成作業を行うのである．

　はじめに，この研修の立案者でもある丸井部長からこの研修の趣旨としてレポート作成のコンセプトが紹介された．

丸井部長

丸井：今回の研修のテーマは，「国際化とコミュニケーション」というもので，このテーマに沿って全員で1つのレポートをまとめてもらいたい．いま，企業に求められているものは，ひとつは国際化という世界的な大きな流れをどう考

えるかということと，それから，そうした状況での企業内あるいは企業間でのコミュニケーションの問題を検討したい．今回，皆さんにつくってもらうレポートは，このA出版のホームページに掲載するので，企業の発信としての一番初めのデザインにあたるものだ．内容的なことではほとんど規制はないので，皆さんの議論によって，いままでにない新しいものを創造してほしいと思う．

今田文子

それから，3か月，毎週顔を合わせるメンバーの自己紹介があり，つぎに「国際化」と「コミュニケーション」について，それぞれが思い付いたことを勝手に出してみる（以下のキーワード）というブレーンストーミングが行われた．

今田文子：国際的共通語・英語力・即戦力・競争

清村ルミ：国際化，コミュニケーション，ことば，自分と会社，感性と共感

清村ルミ

小野順平：アイデンティティ・関係性・動態性・変容・相互作用・問題解決・協働

大和武蔵：なし

小野順平

武蔵のひとりごと

レポート研修とメンバー紹介

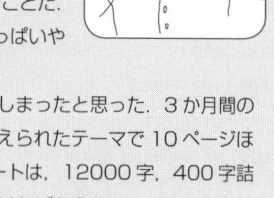

　僕は，この春大学を卒業し，4月から出版社A社に入社した．いや正確には臨時採用となった．出版関係の仕事をするというのは，僕の長年の夢で，とくに編集の仕事をしてみたいと思ってきた．

　今回，臨時採用で入ったA社だが，契約は一応1年間ということだ．その後，正社員としての道も開かれているということで，力いっぱいやってもらいたいと面接でいわれ，すっかりその気になった．

　ところが，4月の説明会で，まずとんでもないところにきてしまったと思った．3か月間の社内研修というのがあり，正式採用されるためには，ここで与えられたテーマで10ページほどの研修レポートを提出しなければならないとのことだ．レポートは，12000字，400字詰め原稿用紙でいうと30枚である．これを3か月間で仕上げなければならない．こんなに多くの分量を，決められた期間で書いたことはない．

ところで，今回の研修メンバーそれぞれの自己紹介から受けた僕の印象はつぎのとおり．
- **新野（にいの）孝美課長**（みんなでリーダーと呼んでいる）
  このプロジェクトのリーダー．30代後半のキャリア・ウーマンで，執筆者からは凄腕の編集者として恐れられているらしい．彼女の指示で僕たちのプロジェクトは動いている．
- **今田文子さん**
  30代前半の女性，フリーのライターをやっていた人で，今回の臨時採用に応募してきた人．すごいバイタリティがありそう．
- **清村ルミさん**
  僕とほぼ同年代のおしゃれな女性．キャピキャピというか，ズケズケというか，とにかく機関銃のようにものすごくしゃべる人．
- **小野順平さん**
  すでに編集経験のある男性で，30歳前後か．しぶい感じで，なんかとっつきにくい．海外滞在経験もあるとのこと．
- **僕**（大和武蔵）
  23歳，文章が苦手．新しい環境に入るとなかなかなじめない弱い性格．自分の考えていることをきちんと表現できなくて，いつも悩んでいる．
- **丸井部長**
  A社編集部の部長．50歳前後の小太り童顔短足．ときどきプロジェクトをのぞきにくる．いつもニコニコしていて，よく話しかけてくるが，会話は禅問答みたい．聞くところによると，このプロジェクトの考案者らしい．

研修第2回

キーワードからブレーンストーミングへ

前回のキーワードをもとに，新野リーダーを中心にいろいろなやり取りが行われた．以下，そのやり取りの記録である．

新野：では，皆さん，国際化とは何でしょうか．異文化や外国人との接触機会の増加でしょうか？

今田：タイトルは国際化とは何かで考えるほうがいいかなと思います．ただ，最近，国際化ということばはここ何年か，企業ではあまり使われていないという気がしますが，小学校とかでいう国際学級とか，あと，英語学級とか，教育

新野孝美

の文脈で国際人を育てるというところではまだ使われている気がします．これを考えているときに，「国際化とコミュニケーション」よりも「グローバル化とことばの教育／学習」のように，「教育」とか「学習」ということばが入ったほ

うがいいのかなとも考えたのですけど.

丸井：タイトルは大きく「国際化とコミュニケーション」ということだけれども，このコンセプトを生かして，皆さんで自由に考えてみてください．国際化かグローバル化かということは，どちらでもいいと思うけど，使いやすいほうでいきましょうか．

今田：「国際化とことばの学習」というタイトルでどのようなことを書こうかというイメージはあります．

新野：どうですか，皆さん？　今田さんの意見について質問とかはありませんか．今回のレポートは，企画レポートというか，企業として物をつくる，物を売るということの前提として広く国際化とコミュニケーションの問題について考えてみようというレポートなので，最終的には企業における国際化とコミュニケーションとは何かというテーマになるでしょうね．そのとき，ことばの教育や学習とはどういう方向を向いていけばいいかという指摘は重要だと思いますね．

小野：国際化ということばというと外国語がくっつきそうな気もするけど，それとは別にまた国際化によって自分の国のことばを見直す動きもあると思う．日本人であれば，日本語をもう一度考えるという機会を与えられる．他者のことばを考える場合と両方を視野に入れて考えたほうがいい．他者との接触が増えるということは自分とは何かを考える機会が増えるということ．拡散と進化が反映されたのが「国際化とコミュニケーション」ではないか．

新野：序論でまず国際化とは何かを書く．それから，国際化を踏まえて，コミュニケーション，たとえばことばの学習はどうなるべきかがその中身になりますね．コミュニケーションとはどういうことかには，いま小野さんが指摘した2つの視点がありますね．両方を統合的にとらえたとき，どのような結論があるかを主張としてレポートに示す．母語，母国語，アイデンティティは両方に関わってくるでしょうね．それに，いろんな家族，学校，仕事，友人などの関係のなかでの社会で，どのようにことばを使っていけるかという問題は外せない．こんなことをまずA4の用紙1ページくらいで何か書いてみることが必要ですね．

丸井：まず，序論の問題設定の部分を「国際化とことばの学習の関係」という

ところを書いてみるか．でも，「国際化」だけを論じると大きくなり過ぎるような気もするね．「国際化とことば」という感じかな．その後に母語と異言語の問題を考えて，最後にまとめる風になるかな．企画レポートなので，とくに調査はなくてもいい．長くても全体で10ページくらい．中身は5〜7ページくらい．

清村：商品として「国際化とことばの教育」の必要性を企業に訴えていくところから考えてみました．国際化についての定義はそれぞれのイメージに任せることにして，広く外国，日本国内，さまざまな交流を交えて互いの意見をつくり上げていくと考えて，どうしていま必要なのかは，外国からの労働力，外国企業の国内進出，国内企業における海外事業の拡大などにより，企業においてことばの教育が必要とされるのかを考えます．いま，日本人，外国人を問わず，互いに意思疎通を図るためには通訳をなかにいれず，互いにことばで話し合うことが重要な役割を担うようになると思います．

丸井：そうね．まず頭の手出しのところを「国際化とことばの関係」で押さえてみる．基本は，企業の環境や問題を考えて，基本的なコンセプトをつくる研修レポートと位置付けている．読む人はある程度の共通理解は必要だけど，とくに専門でない人が読んでもわかるように．個人的なエピソードを入れてもいいけど，非常に個人化したものだと，背景が読み取れずわかりにくいので，適宜，調節しながら．

小野：ビジネスパーソンとして，業務スキルとしてもコミュニケーションスキルを要求されるようになったことも書く必要があるかなと思います．鍵となるのは，自分自身が仕事に対してどのような考えを持っているのかを主体的に述べることを迫られていること．

丸井：自分の意見をね．

小野：はい．自分の主張というものを文章として残す必要性もあるので，自分の考えを自分で文章化することも必要です．コンセプトで自分が役に立てると思ったことは，自分が外資系の企業で働いた経験のなかで，外国の方とのトラブルが頻繁に起きるところは意思疎通，目的とするところが通じ合わなかったことで問題が起きていたので，それを解決するためにことばの教育をもう一度考える必要性を企業のなかで迫られているのではないでしょうか．

新野：このプロジェクトは，今日も入れて13回で収めます．7月初めには終わらせたい．専門的でない人もわかるような文章をつくっていきます．

　次回の担当は，小野さんでいいかしら．小野さんは，今日の議論をもとに，このレポートの問題設定について具体的な文章を書いてきてくださいね．よろしく．

武蔵のひとりごと
僕は文章を書くのが苦手だ

　さて，こうしてはじまった研修プロジェクトだが，だいたい僕は文章を書くのが嫌いである．白い原稿用紙を見ただけで頭が痛くなってくる．英語の探偵小説は読めても，日本語はさっぱりだ．日本人のくせにといわれそうだが，そんなことは僕のせいじゃない．大学のときも僕の周りの連中はみんなそうだった．そして，3か月で10000字というけれど，さらに書いてきた文章をみんなで読みあって，いろいろ批評するのだそうだ．また，プロジェクト専用のメーリングリストがあって，金曜日の議論の続きをメールでやり取りをすることになるという．ただでさえ文章が嫌いなのに，そんなことをしたらどうなることか．

　僕は日本語で文章を書くことが苦手なのに，一体，どうすればいいの？

研修第3回
問題設定文の作成

新野：第3回目は，小野さんに前回の議論をもとに，このレポートの問題設定について具体的な文章，問題設定文の下書きを書いてきてもらうことになっていました．小野さん，どうでしょうか．

小野：えーと，一応，書いてきました．次のとおりです．まず文体は「です」「ます」でないほうがいいかも．企業だし．

レポート

「国際化とことばの教育」コンセプト…

　いま，私たちが暮らしている世界では，国境，国籍にとらわれず，誰もが生活のなかで日本ではない外国との接点を持つことができるようになりました．たとえば，身近なものであれば，インターネットでしょう．近頃

は，SNS（ソーシャルネットワークサービス）というネット上に人的ネットワークを構築できるものもあります．

　また，日本には外国からの労働力，外国企業の国内進出，国内企業における海外事業の拡大など，ビジネス面でも有無をいわせず，国を超えて接点がつくられていっています．そのため，企業においても，「国際化」について考えざるを得ない環境が整いました．企業は「国際化」と「ことば」をどう捉えているのでしょうか．市場の拡大だけでしょうか．利益の増大でしょうか．そのような結果をもたらすための過程としてのビジネスのなかでは，重要なことは，仕事を効率よくこなしていくことだけではありません．ビジネスでも私たちは互いの意見を話し合うコミュニケーションを行います．

　いまは日本人，外国人を問わず，互いの意思疎通を図るために，互いの目的を理解してもらい，達成させるために，「ことば」が重要な役割を担うようになっているのです．それは，ビジネスパーソンとしての業務スキルとして「コミュニケーションスキル」を要求されるようになったことに繋がるのではないでしょうか．

　私たちは母語，外国語を問わず，自分自身が仕事に対してどのような考えを持っているのか，自身の意見を相手に主体的に述べることを迫られているのです．そのことを身近に感じられた経験をしたのは，自身が外資系の企業で働いていたときです．オフィスの構成員は，多国籍でした．社内のカスタマーサポート事業を担当したとき，多く寄せられるトラブルは，互いの意見，目的が通じ合わず，問題が解決できないということでした．第三者が介入して，それぞれのことばを訳していくことには限界があります．私たちが主体的にビジネスを進めていくために，企業はいま「国際化とことばの教育」について，考察していく必要があるのではないでしょうか．

　単なる記号としてのことばではなく，互いの目的を達成させ，つくり上げていくためのことばの教育を考えることで，私たちはより豊かな世界を築いていけるでしょう．

新野：そうですね．それはこれから検討しましょう．この文は，具体例もあって，わかりやすいと思います．

今田：でも，いきなり，なんで「ことば」なんだろう？　ことばの問題というよりは，やはりコミュニケーションの問題と考えるほうが自然では？

小野：書きながら思ったことは，企業は国際化をどう捉えているのか，ということでした．

新野：そう，企業が捉えている国際化とは市場の拡大だけではない．やはりコミュニケーションの問題もある．そこでやっと国際化とコミュニケーションの問題になる．そのコミュニケーションスキルにはことばが重要な役割を担う．それがことばに繋がるのね．すると，国際化を担うことばとは何かということになるのかしら．

清村：（レポートの）タイトルは「国際化とことば」ですよね．「国際化とことばの教育」までいってないですよね？

小野：国際化はこのままでいいかな？　グローバル化もいっていたけど．

皆：前回，いいという話になった．

新野：この流れはいいと思う．現在の状況，国際化，企業にとっての国際化とは何か，それはコミュニケーションだ，コミュニケーションはことばによって支えられている．企業にとってのことばは一体何かとなると，互いの目的を達成させ，つくり上げていくためのことば，ではないか．ここが重要ですね．

清村：4段落目の「私たちは母語，外国語を問わず，自分自身が仕事に対してどのような考えをもっているのか，自身の意見を相手に主体的に述べることを迫られているのです」，ここはいい文ですね．

今田：でもここは，この後にある経験が主体的に述べることが必要だの裏付けになっていない気がする．理由に繋がるようにするのは？

小野：たしかに裏付けにするにはインパクトが足りないけど……

今田：この経験が主体的に述べることが必要だの理由になっていない．具体的には，外資系の会社でアルバイトしていたときの，社内のカスタマーサポート？

小野：ええ，社内．

今田：寄せられるトラブルは社内の人たちのトラブル？

小野：そうですね，社内，関連企業，海外支社など．
今田：じゃ，カスタマーサポートじゃないじゃない．
小野：要は，働いて不満があることを集結する．
今田：問題は社員だよね．
小野：でも，この部署からみた社員の立場は，社員がカスタマーだから，カスタマーサポートかな．
今田：あ，なるほど．
小野：社内のカスタマーサポートは日系企業だとなに？
清村：どこが担当するの？　人事？
小野：日系だとどこだろう？　社員サポート．
清村：福利厚生課？
新野：社員サポートのほうがわかりやすくない？　社内の社員サポート事業を担当した．担当して多く寄せられるトラブルは，互いの意見，目的が通じ合わず，問題が解決できないということだった．第三者が介入して，それぞれのことばを訳していくことには限界があった．求められているのは，自分自身を主体的に述べ，問題を解決していく能力，という感じ？　問題を解決していくことば，それを習得する？　こういうことかしら？
小野：そう，ことばを身に付けること．第三者はやめて，自分自身で主体的に問題を解決していくことばを身に付けることではないか，ということです．

【これからの方針】
新野：では，これからの方針について少し話し合いましょう．まず10ページくらいのものを取りあえずつくって，振り返りながら，全体の作業をつくってみる．出来上がったものはある程度，説得力があるものをつくらなければならないと思います．
今田：これを読んでいると，最初に企業にとって国際化とは何かを書いていて，つぎが企業におけることばを書いている．まだ，書いていないけど，企業にとってことばの学習とは何かということですね．
新野：見出しを入れてみる？　たとえば，（ことばの）教育ではなくて，学習にして．問題提起を膨らませるために倍くらいにし，見出しを3つくらい入れて

みる．40字×30行にして，動機は800字くらいにして，見出しを3つほど入れてみたらどうだろう．

小野：そうすると，文章の問題点がはっきりしてきますね．外資系で働いたという経験は，一人の人がずっと書くことは事実上無理なので，どうしようかな．

新野：基本的に章によって分担を決め，全員で書いていくことにしましょう．

小野：とりあえず3つの見出しですけど，こんなのはどうでしょうか．

　企業における国際化
　企業におけることば
　企業におけることばの学習

今田：企業におけるって企業で何か勉強するわけではないので，戦略……企業戦略としてのことばの学習．

清村：企業戦略というと競争みたいな感じですが．

新野：いや，市場に対して．メディアとして，メディアコーディネーターとしての企業．そこで，出版を中心として，メディアコーディネーターとして企業が持っている，企業戦略としてのことばの学習．

小野：企業戦略といっても利益の増大をいっているのではなく……

新野：その後，具体的例を示して，前半でいっていたことの内容を入れていく．その部分がまだ5～6枚になる．キーワードだけでもほうり込んでもらって，次回，話して詰めましょう．

小野：「である」体に書き直しますか？

新野：そうですね．

武蔵のひとりごと
キーワードが出せない

こうした議論を聞きながら，僕はまだキーワードも出せないでいた．丸顔の丸井編集部長がテーマのことでみんなにいろいろ聞いている．毎回は参加できないが，ときどきはセミナー室の様子をみにくるそうだ．誰かがタイトルのつけ方で質問している．「希望の分野があるだろう，それでいいんだよ．自分の好きなもの，好きなこと，何でもいいよ」この部長はいつもニコニコしてこう答えるだけでえらく無責任である．

「大和君，大学時代は何やってたの？」「異文化コミュニケーションです」「ほう，じゃ，海外

体験は？」「旅行とかはありますけど，住んだことはありません」「じゃ，なぜ，異文化何とかを選んだの？」「えーと，家族の影響とかいろいろありまして」「家族に勧められたわけ？」「いえ，母がそういうのが好きで…」「ほう，お母さんか」「それだけじゃないんですけど，いろいろ…」「ふん，じゃ，そのいろいろを考えたらいいんじゃないの」「はー，どうも」「卒論とかだって書いてるんでしょ」「はい，一応は」「じゃ，そんなのをネタにして，なぜ私は出版の仕事を目指すのか，というあたりで攻めてみたら」「そうですね，どうも」

部長との話は禅問答みたいで，結局，キーワードを出すには至らなかった．僕にとって「異文化」ってなんだろう．なぜ僕は出版関係にしたと思ったのだろう．そんなことは大学を出るまで考えたこともなかった．

研修第3回目の終わり頃になって，そろそろテーマ設定での話し合いの結果を出さなければならなくなった．キーワードも出てこないのは，ぼく1人だ．しかも，「国際化とコミュニケーション」という大きなテーマのもとで，具体的な議論をするためのキーワードを出さなければならない．次回までには，それぞれに宿題も課せられるという．

「あの，これからどうなるんですか」と隣の女性(清村ルミさんだった)にそれとなく聞いたら，そっぽを向いたまま顔も向けてくれない．僕はまったく無視されてしまった．

「これは悪い冗談だ」と思いつつも，しかし一方では，もしこのプロジェクトで文章を書くことができなければ，正式採用にはならないのだから，とにかくがんばらなくっちゃ．これが僕の率直な感想だ．

研修第4回
問題設定の議論

新野：今日は，小野さんの前回の書き直しですね．この問題設定文を検討しましょう．

小野：これは前回提出した「国際化とことばの学習」をたたき台として，話し合いを行った結果を，その内容に反映して書き直したものです．よろしくお願いします．

レポート

タイトル：国際化とことばの学習

国際化における個人と社会

　いま，私たちの生活を見渡したとき，私たちは軽々と国境や地域を飛び越えて暮らしていることがわかる．私たちのまわりにはあらゆる国籍，地域の人，物，ことが溢れている．現在のこの状況を「国際化」という視点から眺めたとき，そこには二つの流れがある．

一つは，より個別に，深化する流れである．メディアによる情報もさることながら，私たちはインターネットを通して，個々人の情報ネットワークを世界のあらゆる地域で築くことができる．SNS（ソーシャルネットワークサービス）などでは，情報は個人の興味・関心を主体に収集され，国や組織を通さず，個人と個人の接点を通してもたらされる．こうしたネットワークによって，個人が手にする情報の量，幅は以前に比べて飛躍的に増大し，より個別化している．国際化ということばは，もはや特定の状態，状況を指すものではなく，現在の私たち一人ひとりの日常をある一側面で捉えたことばになっている．

　もう一つの流れは，世界全体の緊密化という流れである．社会的な側面からみると，人・物・ことの交流が盛んになることによって，ある国，地域での出来事が及ぼす影響は，さらに広範囲にわたり，そのスピードもますます速まってきている．ある国での経済の悪化や，インフルエンザなどの伝染病の発生は，瞬く間に世界中に広まっていく．温暖化を含め，世界規模での問題の共有化，危機管理の国際化という認識なしでは，私たちが抱える問題はもはや解決することはできなくなっている．

　国際化は二つの流れが相互に影響し合いながら，進行している．個人がネットワークを築くことによって，より個別化していき，それと同時に社会が問題を共有することで，より緊密化していく．ミクロレベルの分裂とマクロレベルの融合である．

企業における「ことば」

　こうした二つの流れの中を取り結ぶものとして，いま「ことば」が存在している．より深く個別化するそれぞれの個々人がより緊密につながるためのコミュニケーションとしての「ことば」が求められている．

　以前，外資系の企業に勤務していたとき，私はこのことを強く感じた．多国籍の社員で構成されているその会社で，私は社員サポートを担当していた．社員の勤務上のトラブルをサポートするこの部署に，もっとも多く寄せられたトラブルは，互いの価値観，意見，目的が通じ合わず，共有された問題を解決できないというものだった．第三者が介入し，当事者それ

それの「ことば」を解釈し，訳していくには限界がある．問題を共有した当事者どうしが，それぞれの視点から問題との関わりを描き出すことで，そこにある問題の姿が浮かび上がってくるのである．

　私たちはいま母語，外国語を問わず，自分自身が仕事に対してどのような考えを持ち，何故そう考えるのか，より個別化された「私」について，相手に主体的に述べることを迫られている．そして，それぞれの「自分」をことばで表現し合い，そこに共有されるものを通して，私たちは新たな関係を構築していく．

　国際化が常態化した企業における「ことば」とは，共有された問題をともに解決していく「ことば」であると同時に，より個別化された「個」を自分自身が理解していくための「ことば」であり，それを他者に発信し，相互に作用しながら新たな関係を構築していく「ことば」である．

ことばの学習

　上記のように「ことば」を捉えたとき，その「ことばを学習する」アプローチを具体的に考えていかなければならない．

　外国からの労働力，外国企業の国内進出，国内企業の海外事業の拡大など，ビジネス面でも，日常的業務にグローバルということばが使われるようになって久しい．このような状況のなかで，いま，企業に求められる「ことばを学習する」その具体的な方法も，以前とは異なった視点が必要になる．市場の拡大，利益の増大，それらをもたらすための道具の一つとして「ことば」を捉え，安易に英語学習を奨励することが国際化における「ことばの学習」ではないだろう．

　ミクロレベルの分裂とマクロレベルの融合という状況では，「ことば」は効率的に情報を得，意思疎通を行うためだけのものではなくなってきている．こうしたなかで，それぞれの企業が，「ことば」の能力の必要性を認め，各社員にその能力を求めているが，その企業が求める「ことば」の能力とは何であり，その学習の方法とはどんなものなのか，その具体的なものをそれぞれの企業は示していないのが現状である．自己表現能力，コミュニケーション能力，問題解決能力など，「能力」が掲げられ，その

「能力」を養うセミナーなども少なくないが，ここでの「能力」は情報やスキルに置き換えられ，情報やスキルの習得が能力の育成だとされている．そこに現れる諸問題を，固定的なものとして客観的に捉えようとする視点がそこにある．

しかし，より個別化された「個」を把握するための思考，他者の視点としての「ことば」，それが相互に作用し，ともに問題を解決していく「ことば」は動態としてあり，「私」を主体として状況や関係のなかで常に変容している．その「ことば」は情報やスキルを効率的に習得することで育つものではない．

現在求められる，国際化におけることばの学習とは，個別化されたそれぞれの「個」を主体に考えなければいけないのではないだろうか．それぞれの「個」が引き出す「個」であり，引き出される「個」としてコミュニティーを形成する対話，そしてその対話を形成し，問題を共有するコミュニティー，この辺りに「国際化におけることばの学習」の方向性があるように思う．このレポートを通してこの方向で考えていきたい．

【問題設定文検討】

新野：どうですか．読んでみて．

今田：2番目の「企業におけることば」で最後の4行．企業のなかで考えるのであったら，ともに問題を解決していく「ことば」を前面に出したほうがいいのでは．小野さんは個別化された私について理解していくことばが先という感じですか．

小野：うん．ここの部分ではそろそろその転換を図ってもいいよね．企業で求められていることばを先に持ってきているわけだから，そこでは問題解決に値することであると．先に持っていって，そのためにはといって，この上の2行を加える．今田さんのいっているとおりだと思う．

今田：それで，ことばの学習のほうでつながるものとして個別化された私を理解することばをつくり上げていくことをことばの学習として捉えていく．そっちがいい？

小野：うん．最後の1行を前に持っていって，問題を解決することばをメイン

に持っていく．

新野：最初，2つの流れをいっている．個人と社会の．ここがちょっと唐突な感じがする．そのパラグラフとの間に2～3行，ちょっとつなぐことばがないと，いきなり，個人と，2つの流れが出てくるから．個別化と共有化．

小野：この間に，2つをつなぐもの……．

新野：2つの流れに持っていくための根拠のようなもの．国際化している，移動という問題が一般化してきていて，国境とか地域とかボーダーがどんどん薄れてきていることが前に書かれてますよね．だからこそ，全体での世界的規模でも国際化に対する認識をしなければならないというところはわかるけど，そこに2つの流れがあるというときにどうしてなの？ という問いが出てくるから．タイトルが「国際化における個人と社会」だから，個人と社会についての関係のことについて触れて，だから2つの流れがあるといえばつながりがわかると思う．あとは，小さいことだけど「～だろうか」という問いかけ文が多いですね．それを頻繁に使うと自信がないことの裏返しになる．

小野：自信があるので書いているんですけど（笑い），そうですね，多いですね．

新野：後はどうですか．

清村：最初のところ，新野さんが指摘したところなんですけど，ここまであまり書かれているご自身が出てこなくて，現在の状況をというところから考えが出てくるので，どうしてあなたが2つの流れを重視するのか，その根拠みたいな，それを発する根拠があるといいと思う．個人的な感想ですけど，2番目の「企業におけることば」は私の考えていることとも似ていて，共感しました．

小野：どの辺ですか．

清村：そうですね．互いの価値観とか目的，意見などが最初から合わないと，少しぶつかっただけで合わないと思ってしまって問題解決するために自分で働きかけていったりとか，個人というものを見ないで，集団の行動を見て判断してしまうところを私は書きたいなと思っている．まるっきり同じではないですけど．

小野：うん……その辺の説明はいらないですかね？ 経験が語られるじゃないですか，ここで．ここ，なぜ自分自身が仕事に対してどう考えるのか，より個

別化された私について相手に主体的に述べることを迫られている．ここは？
今田：それは本文で説明する．
新野：最初の二つのパラグラフがちょっと長いかしら．よく説明しているけれど，そこでむしろ，個人と社会ということをいうためにそれを使ったほうがいいかな．移動という国境，地域がボーダーレスになっているということと個人と社会，そこで個人だからこそ，個人と社会の問題が重要視されるんだというあたりにもっていくのは？
小野：逆に最初から私たちの生活を見渡したときにわかる．そこには二つの流れがあると思うとして，個別的な方向と全体的な方向があると思うとして，一つ目は，二つ目はとしていけば，特別に根拠を入れ込まなくてもつながっていくのでは．
新野：そうですね．
小野：すると，この辺をカット．
新野：最初に読者を呼び込まないと．少し解説的になっちゃうと読者は離れてしまうから．
新野：問題設定文はこれでいい？
皆：いい．
新野：では，そのつぎにこの文章をテーマ設定文として考えて，このほかに7〜8ページ．全体で10ページだから，テーマ設定文と結論が1ページとして，中身は8ページ．テーマ設定が2ページだから，減って7ページの中身．それの項目立てを今日，小野さんがつくってくれた．

　じゃ，次回は，今田さんからの目次を検討しましょうか．

武蔵のひとりごと

議論についていけない

　全員がそれぞれキーワードを出し，それに沿って，小野さんが問題提起文を書いてきた．ほかの人は会社経験もあるので，リラックスして発言しているが，僕には正直，この議論についていけない気がしている．小野さんの文章が抽象的すぎて何をいっているのかもよくわからないし，では，どこでどのように質問すればいいのかもわからない．

新野リーダーは，あまり自分の意見をいわず，全体の進行方向をつくっている感じだ．ただ，このレポート作成が具体的にどのような方向に進むのかは僕にはよくわからない．
　このつぎは，全体の目次のようなものを今田さんがつくってくるという．全体がみえれば何とかなるような気もするが，でも僕にはこのテーマそのものが会社にとってどうして重要なのかということがまだしっくりこないままだ．どのようにして，この議論に参加していけばいいのだろう．

研修第5回
全体の構成を考える

新野：今日は，今田さんが，このレポートのための大体の構成というか目次のようなものをつくってきてくれました．これをもとに，また議論をしましょう．

今田：いままでのキーワードと前回の問題提起文を参考に，私は，つぎのような目次を立ててみました．また，とくに第2章を執筆希望ということで，英語の学習についてのと

ころを少し詳しく書いてみたいと思っています．「「英語が使える日本人」の育成のための行動計画」という文部科学省（平成15年3月15日）の資料を参考にしたいと考えています．

レポート

> 「国際化とことばの学習」
> 1. はじめに（問題設定文）／2. なぜ，英語を学ぶのか／3. 私にとってのことば／4. アイデンティティと関係性／5. おわりに
> 　2. なぜ英語を学ぶのか《キーワード》
> 　能力／国際的共通語／即戦力／競争／言語・文化ナショナリズム

【項目練り】

小野：2番目は英語に絞っちゃうんですか？

今田：別に，国際化といえば英語というところを踏みつぶしておきたいと思ったんです．なんで英語なの？

清村：なんで英語なの……使う人が多いから？

今田：うん，そういうことだと思うけど．
新野：英語を学ぶことはまあいいか．そこは入りやすいかもしれないですね．私にとって外国語，ここでは母語の問題について論じたいね．英語と国語の対立みたいにはならないけれど，母語はどうするか．
今田：そうですね．何語ではないんですよね．ことばですよね．
新野：どっちが大事かという話ではなくて，両方大事だけれど，母語を学ぶことと，第二外国語を学ぶことは同じことなんだろうか，対立させてみてもいいだろうし．それは4番目のアイデンティティにもつながる．でも，アイデンティティと語ると当然関係性について語らざるを得ないから3番と4番に分けないでいけるのではないかな．で，5番目はいわば結論？
清村：そうですね．
新野：じゃ，これが最後の1～2ページになっていく．
小野：すると，項目1，2，3で7ページ．
新野：テーマ文から最後までの流れは必要ですね．
小野：すると，結論はある程度，皆が同意しておかないと．
新野：完全に独立したものと考えないで，やってみるのはどうかな．最後にこれをつなげるために，たとえば余計なことがあれば取って，合わせていくとか．
小野：じゃ，私は「ことばの学習とアイデンティティ」．
今田：私は「なぜ英語を学ぶのか」．
清村：私にとってのことば，ことばの学習とアイデンティティとことばの関係性，ここはアイデンティティがどうしても出てきますよね．
新野：粗いものでいいから，もし文章化が大変だったら，キーワードと箇条書きでいい．すると，文章化したもので2枚ずつしていく？　まずは，文章化しないで，キーワードと箇条書きしましょう，来週は．
大和：あと，引用文は必要ないんでしょうか．
新野：自分がいっていることを補強するために誰かのものを入れてもいいですよ．ただ，あまり専門的な引用はやめてね．
今田：「2. なぜ，英語を学ぶのか」が私．「3. 私にとってのことば」は清村さん．「4. アイデンティと関係性」は，小野さん．そうすると，「5. おわりに」は大和君？

大和:はい,書きます.

【担当箇所の内容についての検討,キーワード,補足説明】
新野:問題設定の「はじめに」はできて,2章から4章はタイトルが決まった.分担は,2章が今田さん,3章が清村さん,4章が小野さん.まず,今田さんからいきましょうか.
今田:はい,「2. なぜ,英語を学ぶのか」,この章は,動機文で書いている企業におけることばというものが,スキルとして捉えられているという指摘を踏まえ,能力,国際競争というイメージをした.その指摘を踏まえ,「3. 私にとってのことば」で,ことばでこれから何をするか,自分自身の姿勢を示すために,能力に焦点を合わせ書きたいと思う.
小野:最後は,能力ではないというところに落とすのか?
今田:そう.能力ではない,に落としたい.
新野:言語,文化,ナショナリズムはどのようにつながるのか? 競争か?
今田:競争,からである.一つの言語に対し,国際的共通語,即戦力,競争というイメージで,能力を求めすぎてしまうと,それが言語・文化ナショナリズムに変化していくのではないかという危惧.
新野:これはやはり,ポイントは企業の研修,企業でメディアをつくっていくための企画文書みたいなものです.企業として何ができるか.企業の仕事が個人と社会にどのように貢献するか,という視点が必要になるでしょう.第三者的に評論のようになるとまずい.
小野:このタイトル(「なぜ,英語を学ぶのか」)がわかりにくいのではないかな? 学ばなくてもいいといったようなタイトルのほうがいいかもしれない.たとえば,英語は本当に必要か,とか.
清村:英語と国際化とか.
小野:英語を否定というわけではないが,別に英語じゃなくてもいいだろうというニュアンスがあったほうがいいのではないか.
新野:最終的に,大枠としては,複文化・複言語のほうに持っていかざるを得なくなる.そうすると,「2. なぜ,英語なのか」
小野:それがいい.

清村：そうすると，ただの批判ではなく，問いも含まれる気がする．
新野：それを受けて，「3. 私にとってのことば」だから．
小野：ここ（「4. アイデンティティと関係性」キーワード，動態性，変容，辞書的意味，物語的意味（経験的意味），関係性的意味，相互作用，問題解決，協働について）は，どうか．
清村：重たい気がする．
小野：ちょっと流れているのではないか．
新野：流れている？
清村：（前の段階の流れから）「アイデンティティと関係性」というのは，急．
小野：唐突．
今田：スキルからの流れ．
小野：きのう，これを並べていて唐突だと思った．
清村：急に専門性が高まったような気がする．
今田：うん．急に難しくなった．
小野：「なぜ，英語なのか」その次として，「私にとってのことば」というのを考えようというのがくる．
新野：「ことばを学ぶ意味」ということで，「アイデンティティと関係性」というのがサブタイトルにきても悪くはない．
皆：うん．
新野：そうすると，キーワード群（動態性，変容，物語的意味……）はちょっとずれている．最後のほう，関係性的意味，相互作用，問題解決，協働，このあたりはいい．これは使えるのではないかしら．
小野：動態性というのは，とにかくことばというのは固定的ではないという……．
新野：動態性，変容，それは一つのセットだから，それもいい．真ん中（辞書的意味，物語的意味，経験的意味）がちょっとね．
小野：ここは，このことばを使わなくてもいいでしょうか．問題解決，協働のあたりを，動機文の個人という方向性に結び付けていこうと考えている．
新野：「ことばを学ぶ意味」というのを章題にする？
小野：そして，キーワードにアイデンティティ，関係性も入れてしまう．

新野：では，皆さん，キーワードと項目箇条書きをA4，1ページ枚程度でまとめてみましょう．具体的な作業は来週からはじめましょう．

> **武蔵のひとりごと**
>
> 自分の考えの出し方はだれも教えてくれない
>
> 全体の目次のようなものが決まり，「おわりに」を書くようにいわれて，「はい」と返事をしたものの，何を書けばいいのか，まったく見当が付かない．
>
> 文章を書くときには，いつも高校時代の国語表現とかの授業を思い出す．大学でもレポートを結構書いたが，印象に残っているものはほとんどない．高校では，小説や詩それから評論みたいなのを読んで，感想を書くというのを嫌というほど書かされた．夏休みの宿題とかで本を読んで感想文を書くというのもあった．でも，考えてみると，それはいつもエッセイのようなものだった．受験校だったので，3年の後半になって「小論文」というのを毎週書かされたけれど，要するに先生の持ってくる記事か何かのコピーを読んで適当にまとめて感想みたいなことをいえばよかったので，ほとんど記憶に残っていない．
>
> 反対に，大学では調査レポートのようなものをたくさん書いた．だいたいは先生の指示したテーマを図書館とかで調べ，文章を適当にコピーして切り貼りすればできてしまうから心配はなかった．ゼミ論でも，まず先行研究を調べろと指示され，その引用については細かく注意されたが，自分の考えを書くということについては，あまりうるさくいわれなかった．主観的な感想ではダメで，客観的なデータを集めろといわれた．だから，自分の考えを出すよりも，人のいっていることを上手に要約することがレポート作成のコツだとずっと考えてきた．ゼミ論に関しても担当の先生の講評は「よく調べてあるね，形式もしっかりしている，もう少し自分の考えを出せればいいね」というものだった．
>
> 自分の問題意識とか自分の考えとかいうと，結局，自分の個人的なことになって主観的なことになるから書いてはいけないのだろうし，それを書いても客観的なレポートにはならないと思ってきた．
>
> では，どのように自分の考えを出せばいいかは，高校でも大学でもだれも教えてくれない．

研修第6回
国際化と英語

新野：今日は，今田さんの「2．なぜ，英語なのか」について検討しましょう．はじめに今田さんから文章の趣旨を説明してもらえますか．

今田：はい，国際化を迎え，とにかく英語ができなければ

ダメという風潮が一般的になっています．ビジネスの世界も例外ではありません．だから，学校でも英語のできる子どもを育成するという発想が出てきています．でも，英語ができれば，すべてが解決するわけでもなく，また，その英語能力を数値で測ることばかりに懸命になっていると，本当に大切なものを失ってしまうと思います．これからの日本人のためには，より豊かな人生と人的ネットワークの増大を目指して自身のことばの力を育成することを考えなければならないと思います．

レポート

2．なぜ，英語なのか

今日の社会は，さまざまな面でグローバル化が急速に進展し，人の流れ，物の流れのみならず，情報や資源などの国境を越えた活動が活発となり，国際的な相互依存の関係が深まっている．依存関係が深まるとともに，国際的な経済競争は激化しており，日本の企業のビジネスパートナーおよび消費者は国内に留まらず国外に拡大している．また，日本人は個人レベルでも国際化に容易く接することが可能になっている．いまや企業がつくり出している商品はiphoneのように国際的に流通するものとなり，facebookやtwitterのようにどの国からもインターネット一つで接することができるサービスや国際ボランティア活動などに触れることができ，個々人が国際的活動に参画していける機会の増大がもたらされている．

こうした状況のなか，英語は母語が異なる人々の間を取り持つ国際的な共通語としてもっとも普及しているものであり，母語に次ぐ言語として多くの人が学ぶものとなっている．そして，ビジネスの現場において，英語が話せることはより多くのビジネスチャンスを掴めるものとして捉えられ，人的競争力の一つとして取り扱われているのである．そのような動きとともにアジア諸国では国際化における競争力の増大をうたい，学校の義務教育の中に必須科目として英語学習を位置付けようとする動きが活発となっている．

日本の場合，文部科学省が平成15年に発表した「英語が使える日本人」の育成のための行動計画をみると，目標として「国民全体に求められる英

語力」を掲げ,「中学校・高等学校を卒業したら英語でコミュニケーションができる」としている.

このことは,いままで英語が十分でないために,外国人との交流においてことばによる制限を受けたり,自身の意見を十分にいえずに適切な評価を得ることができなかったりする人を減らし,個人が母語が違う人々のなかで積極的に活動に参画するための発言機会の増大を狙うものであるといえる.

しかし,その基準として中学校卒業者の場合は実用英語能力検定（英検）3級,高等学校卒業者の場合は英検2級を打ち出している点には大いに疑問を持つ．これはコミュニケーション能力育成という目的がその能力を判断する基準として検定試験を持ち出しているがために,数値化される能力に転換されることとなり,いわゆる高得点を得るためにはどうするべきかという,いままでの挿入式教育の範疇から大きく外れないものになっていると指摘できるのではないだろうか.

企業においても,同様のことが起きている．TOEICやTOFELの点数によって,あの人は英語ができると判断しがちなのである．しかし,企業のなかで行われるコミュニケーションに求められる能力は,文法や語彙が十分であることで解決されるものではなく,場面に応じたコミュニケーションというものの正解が必ずしも存在するものではない．そして,正解が存在しないコミュニケーションに接したとき,日本人ははじめて何のための英語学習であったのかを振り返ることになるのである.

教育学者の三宅なおみは,「英語を学ぶという場合,英語で何の話をしたいのか,そこをかなり詳しくはっきりさせておいたほうがいい」とし,「興味があるテーマについては,いろんなことを知っている．どんなことが話題になりそうか,ある話がはじまったら大体どんな展開になりそうか…（中略）…そういう知識がことばの使い方を確認していくうえで決定的に役立つ」としている.

このことは母語を用いたコミュニケーションにおいても同じくあてはまる考えであろう．そのことを念頭において考えると,日本人が感じる母語が違う人との間におけるコミュニケーションの障壁は英語ができないこと

> が問題であるのか，自分がいいたいことがわからないことが問題であるのか，がわかるのではないだろうか．
> 　これからは英語を学ぶことによって何か良いことがあると盲目的に行動することを止め，ただ単に英語力を育成することを目指すのか，より豊かな人生と人的ネットワークの増大を目指して自身のことばの力を育成するのかを考えるときなのである．

小野：だいたいの趣旨はわかるけど，何となくインパクトが足りないなあ．
今田：具体的にはどんなところですか．
小野：国際化という状況のなかで，英語が必要になってきている，という認識は，まあ当然のことだよね．だから，学校教育のなかで英語が重要視されてきているのだが，その方法が問題ということなのかな．能力を数値で測定することばかりで，人間として大切なものを失っているということが今田さんのメッセージ？
新野：今田さんの言いたいことはそういうこと？
今田：そうですね，だいたい．
小野：最後の「より豊かな人生と人的ネットワークの増大を目指して自身のことばの力を育成する」というところが主張だと思うんだけど，その根拠がないよね．
今田：それはそう簡単にはいえない．
小野：ここのところの説得力がないと，なんか評論家的な感じがするな．
今田：でも，やっぱり日本人は英語が不得意だから，教育としては，英語ができるようになったほうがいいんじゃない？
小野：どうして？
今田：だって，みんなそう感じているんじゃないかしら．
小野：それじゃ，議論にならないよ．
新野：そうね，文章の内容に対して感想をいい合うだけじゃ議論にならないわね．じゃ，ちょっとポイントを変えてみましょう．この文章で今田さんの立場はどこに書かれているかしら．
清村：たしかに，もう少し何か具体的なエピソードがほしいわね．

新野：たとえば，どんな？
清村：やっぱり日本人がもっと英語ができるようになるための具体的な方法について体験を交えて書けばいいんじゃない？
小野：「日本人がもっと英語ができるようになるための具体的な方法」って何？
清村：だって，日本人は英語が下手だから．
小野：誰がそういうわけ？
清村：だって，よくそういうじゃない．
新野：「だれが？」っていうのが小野さんの質問よ．
清村：だれがって……．
新野：つまり，議論としては，日本人は英語が下手だっていう根拠が示されていないことがまず，問題なわけね．
小野：それから，今田さんがなぜこのことを問題にするのかがわからない．
清村：でも，こういう文章って世の中にたくさんあるじゃない．
小野：だから，そういうのはダメなんだよ，自分の立場がみえない文章は．リーダーがいうとおりに．
新野：最後のところ「より豊かな人生と人的ネットワークの増大を目指して自身のことばの力を育成する」というところで今田さんの立場が少しみえかけている気がするけど，その主張が出てくる根拠がみえないわね．
小野：日本人が英語が下手という一般論を出すのはいただけないな．
今田：一般論？
新野：そう一般論．自分の問題として捉えられていない立場ね．大和君は，どう？
大和：だれの考えかわからないから，書き手の問題意識も伝わってこないのかな．
新野：そうね，ここでは企業からのメッセージだけれど，できるだけ，一人ひとりの顔のみえるレポートになるといいと思うわ．
　では，次回は，清村さんに「私にとってのことば」について書いてきてもらいます．

武蔵のひとりごと

自分の問題として捉えるということ

　新野リーダーに振られて，僕は動揺した．リーダーのいう「一般論」については，なるほどと思った．物事はいままで「一般論」で語ることがいいことだと僕は思ってきたような気がする．「一般論」こそ客観的だし事実に基づいたことだと考えていたからだ．

　たしかに，今田さんの書いたような文章はいろいろなところで目にするし，僕の読んだ異文化コミュニケーションの参考書などにはこういう記述が山のようにあった．でも，よく考えてみると，これはだれが書いているのかわからない文章だ．この文の中の「日本人」とはいったい誰だろうかと考えると，よくわからなくなる．なぜなら，「日本人は英語が下手」というのは，不特定多数の人の意見だからだ．そうすると，この文章の書き手の考えはどこにあるのかがわからなくなる……．

　それに，新野リーダーのいった「自分の問題として捉えること」というのはちょっとわかりにくかった．「わたしのは個人的なことだから自分の問題になってるわね」とルミちゃんがいったら，小野が「それは違うね」といった．「自分の問題というのは，必ずしも個人的なこととは関係がない．たとえ世界の経済問題だって，自分の問題として捉えられていれば，それでいいんじゃないか」

　そこで，リーダーの新野さんから説明があった．「そう，〈私〉をくぐらせる，といえばいいかしら」

　「でも，〈私〉をくぐらせる，なんて怖い……」とルミ．「なに，その，怖いっていうの？」と今田さん．「それから，自分の個人的なことを書かなければならないというのは嫌だなあ」と僕もいった．この〈私〉をくぐらせるということの意味が，僕にはよくわからなかったからだ．

　すると，新野リーダーが，こういった．「〈私〉をくぐらせるというのはね，そのテーマに関して自分の問題意識をもって書くということなのよ，個人的なことかどうかなんて関係ない」

　「でも，個人的なことになる場合もあるでしょ」と今田さん．

　「そう，もちろん，個人的なことを書くこともあるけれど，それは他人に対して書くという覚悟の上で書くわけだから，ただ自分の秘密をヒソヒソ話で書くのとはわけが違うでしょ」

　新野リーダーがちょっときつい感じで，「だから，エッセイではダメよ」といった．

　エッセイでもなく感想文でもなく，自分の考えていることをきちんと相手に伝え，相手に納得してもらうためには，どのようにすればいいのか．こんな当たり前のことを僕は今までどこでも習わなかった．第一線の編集者になるには，そのことがわからなければ無理なのだろうか．

　自分の問題として捉えるということは，個人的な問題を語るということではない．だから，プライバシーを曝け出すことなんかとはまったく関係がない．ここのところが大事だ．

　新野リーダーは，「自分にしか書けないことを書け」という．本をつくるということは，自分にしかつくれない本をつくるということだ．どこにでもあるような，だれにでもできるような本なら，あなたがつくる必要はない，とリーダーはいう．

　考えてみれば，自分の問題ということは，自分にしか書けないことを書くということだ．そ

れが個人的なことであるかどうかは関係ない．「自分にしか書けないこと」とは，自分の持っている興味や関心を自分のことばで書くということにちがいない．だから，他の人にはわからない，その人固有の考えや見方が出てくるのだろう．そうでなければ，この僕がその問題について書く意味がない．

研修第7回

私にとってのことば

新野：今日は清村さんに「3. 私にとってのことば」を担当してもらいました．内容の検討に入りましょう．清村さん，お願いです．

清村：私の担当としては，前回の今田さんのレポートを受けて書いてみました．国際化，英語，という流れから，「私にとってのことば」というキーワードをどのように出すかでかなり迷いました．今田さんの「自身のことばの力を育成する」という観点をもう少しくわしく自分の関心にひきつけて書いてみようと思ったのです．この時間で皆さんの意見をうかがいたいです．

レポート

---

3. 私にとってのことば

母語と外国語

　ひとが生まれる以前からそこにはすでに築き上げられた社会があり，使われていることばがある．自分を取り巻く社会への参加は，そのことばを使うことからはじまる．個人は生まれると最初に母親に接し，母親が使うことばを真似することからはじまりやがて話すようになる．このことばは一般に「母語」と呼ばれる．

　個人は「家庭」という社会を拠点にして，その外の社会と関係を築いていく．そこでは絶えずことばによるコミュニケーションが図られ，個人は自分を説明するため，自分がどのような人であるかを示すため，他者と対話をする．このような，いくつもの関係が歳月とともに束ね重ねられ個人の自己は築き上げられる．そのなかで母語は個人を語る中枢として機能する．

「移動」が現代人の日常になって久しい．国際化の流れのなかでは，ひとが動き，社会が動く．たとえ自分は動かなくても周りは変化し，膨大なネットワークを通じて情報が行き交う．それは私たちが多様な社会に触れる可能性が高まることを意味し，また，多様なことばのなかに置かれるということを意味する．このような現実とともに「外国語」への関心も急速に高まってきた．しかし，それが意味するものは，とりわけ「国際社会の共通語」といわれる「英語」を取り巻くものが多い．進学や就職にあたっては英語のスコアが必要であり，学校や企業では英語関連のセミナーが開かれる．

　英語に限らずとも，「外国語」においては「能力」が優先視され，測ることが可能であるという認識のもとでスコア化されレベル分けされている．こうした風潮はすでに社会のなかに定着している．ここで私たちが注目し考えなければならないことは，この「外国語」が「ことば」を「能力」とみなし，身につけるべき「スキル」や獲得の対象として，達成できるものとして捉えられている点にある．

　「ことば」を能力視することは「対話」を妨げる要因となる．「対話」は，「自分のことばで自分を語ること」が相互に行われる行為であり，自分を語りあうことに留まらず，相手と自分を理解することでその接点・差異を認識し，共有された新たな認識へたどり着くことである．「個人」をくぐらせた対話は，初めて「コミュニケーション」として成立する．ここで使われる言語が「母語」であるか，「外国語」であるかは関係ないはずであろう．

　このように「母語」と「外国語」を捉えると，ことばとしての「外国語」はより鮮明にみえてくる．それは獲得するべきスキルではなく，他者・未知への接触を意味し，新たな関係性を築き，アイデンティティの再編成を促すものである．これは「ことば」を能力と捉えている今日の風潮からもっとも離れたところにあるということができるだろう．

　私たちは自分が何者なのかという問いを，他者の存在によって考えるようになる．自分がどういう人だという自覚・認識は，他者によって気付かされるものである．「自分を自分である」と認識することは，母語と外国

語の関係からもうかがうことができる．「母語」という認識は，「外国語」があってはじめて成立し，個人が自分の「母語」を意識する際には「外国語」という相対化の対象が伴う．私たちが母語を使いながら形成した自己は，外国語に接することでさらに変容し得るのである．

2．私を語ることば，アイデンティティ

　何かを伝える手段はことば以外にも存在する．その手段は，スポーツや音楽，その他のさまざまな表現活動を例としてあげることができる．しかし「自分が何であるのか，相手が何であるのか，私たちを取り巻く世界は何か」ということを確かめられるのは「ことば」を介したやり取りにこそあり，この「ことば」は手段・媒介以上の役割をはたしているということができる．

　アイデンティティとは，個人と社会をつなぐ架け橋のようなものである．つまり，「私」とは何者であるかを考えること，そして「私」はどのような立場にあるのか，という問題に関わっている．

　「アイデンティティ」に関してある者はこのように述べている．ここでの「アイデンティティ」は社会的に捉えられており，個人と社会，私と他者という関係性のなかで自分を問い，自分のことばで語ることとしている．

　私たちは，絶え間なく関係性を追うという行為を繰り返しながら日々を営為しており，それは「生きる」こと，もしくは「生きること」に値する．したがって「ことば」を「生きる」という文脈から切り離して考えることは意味がない．私たちは「ことば」を「自己」と「生きること」の間に位置付ける必要があるのである．

　自己との関わりとその再認識という変容は，国際化という触媒をうけてより加速するだろう．その間，個人のアイデンティティの再編成・つくり直しは幾度も繰り返される．そのなかで「私を語ることば」は，自分を知り，自分を示し得るものであると同時に，構築された関係性のなかで新しい価値を生み出すことへつながるものであるはずだ．

> （参考）河口和也，1997，「懸命にゲイになること―主体，抵抗，生の様式」『現代思想』青土社.

小野：言っていることはわかる．「対話」という重要なキーワードが出てくるけど，ちょっと唐突かな．

新野：「はじめに」で述べたことを受けて第2章〜第4章があるわけだから．第1章が，動機にあたるとすると，第2章〜第4章というのは本論にあたります．そこをもう少し展開させながら，中身をつくっていくという話ですよね．まったく新しいことをいうのではなく，ターゲットを絞って，ここで何をいいたいか，「私にとってのことば」というチャプターで何をいうのかということをはっきりさせる必要がありますね．

清村：「はじめに」で触れてる範囲や文脈をもう少し強く認識して，その枠のなかで考えるということですか？

新野：そうですね．ここでは結局何をいうのか，ことばを使ってどう生きるか．

清村：結局，アイデンティティの問題が，「個人と社会を結ぶ架け橋」になっていて，そこに私のことばがあるってことかしら．

小野：この「個人と社会を結ぶ架け橋」は，わかりやすいな．ただ，前段の母語と外国語の話と，アイデンティティの話がうまくつながらない．

今田：問題設定文にスキルの問題なんかが入っていたと思うんですけど，それはなくなったんですか？

清村：あります．スキルを追いかけてるから，よくないみたいなのはまだ入ってる．

今田：この第3章ではそれには触れない感じですか？

清村：触れてもいいんですけど，スキルじゃないことばって何なんだっていう答えがよくわからないんです．

今田：なるほど．

清村：具体的なエピソードを抜いて書いていくとすごい堅苦しい文になってきちゃうんです．

小野：「伝える手段はことば以外にも存在する」って部分は，わかりやすいよ．

新野：ここのあたりでは，一番いいたいことはどこに書いてあるの？

清村：最後の「私を語ることば」は，自分を知り，自分を示し得るものであると同時に，構築された関係性の中で新しい価値を生み出すこと……ですね．
小野：そこはわかるんだけれど，全体的に話がなんとなく抽象的というか中途半端かな．やっぱりはじめの問題設定文を徹底的に，もっときちんと読む必要があるんじゃない．たとえば，「私にとってのことば」と「私を語ることば」の意味はかなり違うと思うけど．
新野：そうね，ここは一応内容にあたる部分なので，少し論証していくというか，いろいろなデータや文献を出しながら，もう少し証拠固めをしていく段階なのね．だから文献なんかもう少し使う必要があるかもしれない．非常に一般的なよく知られているものでいいんだけど，場合によって引用したりしながらね．いいたいことへ持っていくために情況固めをやっていく必要があるわね．
今田：新聞レベルの記事とか？
新野：よりは，もう少し一般的に読まれているもので，そんなに専門的じゃないもので．
今田：論文ではないですよね．
新野：これは企業のですからね．さて，来週はアイデンティティの問題をやりますか．第4章では参考文献みたいなのを入れておきましょうか．それじゃ，来週は小野さん担当ということで．3ページぐらいでいいと思う．そんなところですね．

武蔵のひとりごと

オリジナリティとは何か

前回の「一般論」の話はまだ僕の中に残っていた．
「この文章の「日本人」とか「欧米人」というのは，具体的にはいったいだれのことを指しているのかしら」
休憩時間にリーダーにこう言われて，また考えた．「日本人」とか「欧米人」という言い方を僕たちは普通に使っているけれど，たしかにそうだ．母親が昔オーストラリアに留学したときにお世話になったというジェフさんという人がこのあいだ家に来たとき言っていた．「オーストラリア人といったっていろいろなオーストラリア人がいるからね，みんながカンガルーと一緒に森の中に暮らしているわけではないよ」ジェフさんはいま，向こうの教育庁のお偉いさんだそうだが，オーストラリアに観光にくる人たちが

みなそう思ってくるのでとても大変だと言っていた.

「こういうのをステレオタイプというのよ」とリーダーがコピーを指差しながら言った.「こういうステレオタイプ的な見方からは,決してオリジナリティなんか出てこないわけ」

こうした集団によって人をグループ化する発想自体が,結局,事実と意見の区別を紛らわしくする原因の一つになっているという.でも,考えてみれば,「欧米人は……」とか「日本人は……」とかいう本はこの世に氾濫しているわけで,そうすると,この世はすべてステレオタイプだらけということになる.しかも,そういう本を出版しているのは出版社で,それを編集しているのは編集者というわけだから,その責任は重大だといわざるを得ない…….

自分の考えていることを他者に伝えるためには,自分の考えの根拠となるべきものをきちんとあげ,いいかげんな噂や評判に惑わされない,しっかりとした立場でものを言わなければならない.このことは当然だ.しかも,その立場は,独り善がりのものではなく,他人を納得させるためのものでなければ意味がない.では,この「他人を納得させるためのもの」とは一体なんだろう.この研修レポートのプロジェクトが目指しているのは,その「他人を納得させるためのもの」なのだろうか. 前に考えた「自分にしか書けないもの」が「他人を納得させるためのもの」だとすれば,文章を書く上で一番大切なことは,オリジナリティということだ.どこかでだれかが書いたようなこと,だれでも考えるようなことを,いま僕が書いても意味がない.僕にしか書けないことを書く,これが重要なのだ.それは〈僕らしさ〉の表現でもあり,同時に,僕が僕であることの証明なのだ.

自分の問題として捉えたテーマで,自分のことを書いているのだから,これは自分にしか書けないことだと考えてはいけない.自分の眼を通してみたもの,そこには僕自身の考え方やものの見方がぎっしり詰まっているはずだ.それは決して借り物ではない,僕自身の固有なものであるはずだ.それをオリジナリティと呼ぶのだろう.そうだとすると,この研修レポートのプロジェクトが目指しているのは,「他人を納得させるための,僕自身のオリジナリティ」ということになる.ここまで考えて,僕は目の前の霧がうっすらと晴れていくような気がした.

研修第8回

個人と社会を結ぶもの―ことばとアイデンティティ

新野:今日は,「4. ことばを学ぶ意味」の検討を行います.「アイデンティティと関係性」というサブタイトルが入っていますね.担当は,小野さん,よろしく.

小野:はい,よろしくお願いします.

レポート

4. ことばを学ぶ意味―アイデンティティと関係性

動態としてのアイデンティティ

アイデンティティとは何か．簡単に答えられる問いではない．かつて「ことば」で代表されたある地域や民族のアイデンティティは，さらに小さいカテゴリーへと解体され，「ことば」とアイデンティティが結びつくとは限らなくなっている．それどころかすでに現実は，一つの地域社会に，いくつかの異なる文化，ことばが共生する多文化・多言語という概念も超えてしまっている．一人ひとりを単位として，そのなかに複数の文化，複数の言語が存在するという考え方でなければ，文化もことばもアイデンティティとの関係で語れなくなっている．

　今やアイデンティティは文字どおりそれぞれの「個」として存在している．この「個」のアイデンティティは，国や文化，民族に含まれ，支えられる「個」ではない．反対に「個」のアイデンティティを中心に据え，国や文化といったものを眺めることでそこに新たな意味が生まれてくる．「個」を主体として置いたとき，かつて固定的に捉えられていた国や文化の存在は，「個」のアイデンティティを構成する動態的な「経験」の一つとして意味付けられる．同時に「個」も，複数の「経験」を通して変容する動態である．私たちは，固定文化に意味付けられた「個」ではなく，新たな文化を創造する動態的な「個」として存在しているのである．

対話がもたらす意味

　国や大文字の文化に帰属しない「個」である私たちのアイデンティティは，何によって新たな文化を創造していくのだろうか．「対話」という行為のなかに，その創造の力が潜んでいる．「ことば」はコミュニケーションの手段としてあるのではない．心，あるいは頭に固定された思考が存在し，それをことばに換えて伝達するという静態的な発想が，このコミュニケーションの手段という考えを生んでいる．

　しかし，私たちは最初から頭脳に在る思考をことばで表現しているのではない．表現すること（ことば）で思考を連続させているのである．自己のなかの他者性も含めて，他者と表現（ことば）＝思考を繰り返すことによって，相互に妥当した新たな意味が生まれてくる．それが関係性的意味であり，新たな文化の源である．この新たな意味付けについてフレイレは

以下のように述べている．

> 「コミュニケーションとは，不断の相互作用である．したがって，認識することと伝え合うことを重畳的なはたらきとしてとらえることなしには，思考を理解することはできない．認識し，伝えあうということは，しかしながら，思考し認識されたことがらを，つまり出来上がった思想を単に相手に普及するということではない．コミュニケートするということは，互いの思想の交流をとおして，対象が何を意味しているかを明らかにしていくことなのである．」

（フレイレ 1967-1968／里見他訳 1982：220）

また，フレイレは「対話とは，世界を命名するための，世界によって媒介される人間と人間の出会いである」（フレイレ 1970／小沢他訳 1979：97）と言っている．「対話」とは，他者と出会い，「経験」をその他者とともに表現（ことば）＝思考を相互作用することで，「経験」を新たに意味付ける行為である．また，対話行為をとおして，他者との関係に新たな「私」というアイデンティティを位置付けることでもある．動態としてあるアイデンティティは他者との関係性によって，それぞれの「私」として現れる．対話をとおした「私」は他者と「私」が相互に妥当し，理解した「私」である．

ことばを学ぶ意味

「個」であるアイデンティティは，他者性との「対話」によって，「経験」を意味付け，新たな「個」を創造し，他者と共有する動態的な存在として成り立っている．このそれぞれの個を結びつけ，協働させる動機の一つとして，しばしば社会的問題の共有があげられる．確かにアイデンティティの個別化は，同時に個々のアイデンティティが同じ問題に直面するという共通点で緩やかに結ばれている．

一つの国での経済の崩壊，ある地域での伝染病の発生，地球温暖化など，人・物・ことの移動に伴って，ある出来事の影響の範囲が広がり，かつてなかった規模で私たちは問題を共有している．そしてその協働による問題解決に対話的関係性が大きく寄与していくのは事実である．しかし，

> 問題の共有という状況が直接私たちを結ぶものではない．私たちを結び付けているのは，「わかった．わかってもらった．」という実感である．
>
> 　同じ温暖化という問題でも，私たちはそれぞれの個をくぐらせて，その問題をみつめている．この「私」と問題との関わりが，異なる視点と出会い，対話（ことば）を通して相互の「個」が理解に至ったとき，「わかった．わかってもらった．」という実感が喜びを伴って立ち現れてくる．この実感が私たちに「個」としての存在意義をもたらすものになる．問題の共有や社会参加のためにではなく，この喜びの実感が協働で関係性的意味構築を行う行為へと私たちを導くものである．「ことば」による相互理解の喜びが私たちの対話関係を支えていると認識することは重要なことである．そこには，より良く生きようとする生命としての私たちとそのためのことばが重なるからである．

今田：これはかなり難しいわね．

小野：そうかな，まあ，普段考えていることなんだけど．

清村：どこかの大学院生が書いてる感じ？

今田：ことば関係とか，社会学系の院生が書いた印象かしら．

丸井：久しぶりに参加して，ずいぶん進んでいるので，びっくりしました．今回は，きちっとした企業としてのメッセージになるようなものを書こう，という意図で始めた研修だから．

今田：じゃあ，やっぱり目的は「企業としてのメッセージ性」なんですね．

丸井：そうそう．

今田：そうすると，その会社が持っている「国際化」と「ことば」の関係についての，コンセプトというか主張を書こうということかしら．

丸井：最終的にはね．

清村：私は，なぜ「私にとってのことば」という項目で書かなければいけないのかという点を考えているうちに，この流れのなかで「母語と外国語」という部分を中心に書いたほうがいいんだなって思うようになりました．

小野：私がここでイメージしていたことは，「国際化とことば」というとそれは「英語だ！」と，だけど英語じゃないはず．じゃあそれが何だとなると「私を語

ることば」だよと．で，その「私を語ることば」をどう獲得するのかというところを私の動態アイデンティティと捉えたんですね．
清村：「私を語ることば」？
小野：「私のことば」．
今田：企業のなかのいろんな立場の一人という文脈での自分の存在意義とか？
小野：その企業の内部だけじゃなくて「国際化という環境の中にある企業」の内部だよ．
丸井：だから「国際化という環境のなかでの企業」で，ことばの学習ということを考えるという意味は，「ことばの学習」を一つの商品として売り出すわけでしょ？　企業としてことばの学習を商品として考えていくときに，根本的なコンセプトとして何が必要なのか．これまでは能力とかスキルというような観点から考えられてきたわけで，そうじゃないコンセプトを打ち出そうとしているわけ．じゃあそれは何なんだってこと．
小野：少し方向がみえてきた．このレポートを書くことで何を証明するんだろう，ということが，昨日詰まっちゃった原因だったんですね．だけど「商品化」ということだったら，もう少し具体的に書けるかも．
丸井：「商品化」は何をどう売ればいいのかという問題ではなくて，その前提としてことばをどう考えるかという部分をきちっとするというところ止まりでいいんだよ．
小野：その「そういうものの前提としてことばのコンセプトを考える」という部分は動機文や「はじめに」には入れとかなくてもいいんですか？
今田：入れたほうが書きやすいと思う．
小野：入れたほうが読み手も文脈がわかる．
清村：第2章の後半なんかは「企業におけることば」の最後の段落．
小野：長すぎるってこと？
今田：それもあるし，企業の範囲を超えてる気がする．
丸井：それはそれでいいんじゃないかな．売る・売らないをここでは問題にしているわけではないし，企業コンセプト発信の原点をつくろうといってるんだから．商品化はその先の仕事．
今田：（商品化という設定に）縛られなくてもいいんですね．

小野：その部分は，もし長いんだったら2つに分けることもできますし．

丸井：細かい部分は後から調整して，とにかく言いたいことを全部書く．言いたいことがみえるか否かが大事．企業コンセプトの話はここに入れてもいいかもしれないし，別の前書きを加えてもいいし．こういうディスカッションを経て，段々レポートがつくられていくというプロセスをみせるのが今回の仕事だから．

新野：内容的にちょっと抽象的になってるから少し具体性を……さっきの企業としての宣言・主張っていうので方向は変わる？

小野：少し入れ込むこともできます．

新野：じゃあ少し手を入れてもらうことにしましょう．で，まとめはもう一度話し合って第5章まで行きましょうか．

清村：いままでの話だと，「私にとってのことば」じゃなくて「私を語ることば」なんですよね．

小野：「私を語ることば」にしちゃうと，アイデンティティと関係性にダブってくるんじゃない？

新野：アイデンティティと関係性……をなんか別のいい方をしたらいいかな．

小野：そうですね．タイトル的にも少し硬い感じがします．

新野：それでは，一応，第1章から第4章までの原稿がそろいました．あとは「まとめ」の結論だけですね．ここまでのところで，一応，全体を振り返ってみましょう．全体をそろえて調整するという活動でもあります．

　来週は，これまでみんなで書いてきたものを一つにまとめて検討してみましょう．まとめる作業は機械的なことなので，私のほうでやります．できるだけ早く送りますので，次回までに目を通しておいてください．

武蔵のひとりごと
書きたいことは人と人の間に生まれる

　小野さんの書いてきた文章を全員で検討した．
　内容的に抽象的で難しく，僕は今日も発言できなかった．ただ，僕のなかで，少しずつではあるが，レポートを書くという作業が形になってきたような気がする．

> 1　国際化における個人と社会（担当：小野）
> 2　なぜ，英語なのか（担当：今田）
> 3　私を語ることば（担当：清村）
> 4　ことばを学ぶ意味（担当：小野）
>
> 　それぞれの書いてきたことをめぐって議論し，内容についてやり取りするうちに，少しずつだが，一人ひとりの関係もみえてきた．また，一つひとつの章も，はじめから出来上がっていたわけではない．今田さんのつくった目次からもかなり変わってきている．それぞれの章は，それぞれの週の検討と書き直しでこんなにも動くのだ．
> 　小野さんは文章を書くのがうまいし，いろいろなことがわかっていると思うが，その小野さんの文章でさえずいぶん変わってきている．ということは，小野さんにしても，言いたいことが初めから自分の中にあるわけではないようだ．何か考えているモヤモヤをことばにし文章にしてみる過程で，言いたいことはしだいに生まれてくる．そうすると，書きたいことは，人と人の間に生まれるといえるかもしれない．

研修第9回

全員で全体を振り返る

新野：今週は，いままでのものを一応取りまとめ，全体を全員で検討するということをやってみましょう．

　まずレポート全体のコンセプトをもう一度振り返っておきます．

　この研修は，レポート作成の本をつくる活動です．構想としては，編集，出版などの企業が「国際化とコミュニケーション」いうコンセプトで企画をつくっていきたいということで集まりました．企業としての基本コンセプトを「国際化とコミュニケーション」というところに絞り，これを社外に発信するためのレポートをつくろうということになっています．ですから，ホームページを通じて，いろいろな人が読むものですから，なるべく汎用性の高いものにしようと考えている．

　ということで，いま，「1.はじめに」ができあがっている．つぎに「2.なぜ，英語なのか」「3.私を語ることば」「4.ことばを学ぶ意味―アイデンティティと関係性―」そして「5.国際化とことばの学習」まで来ました．

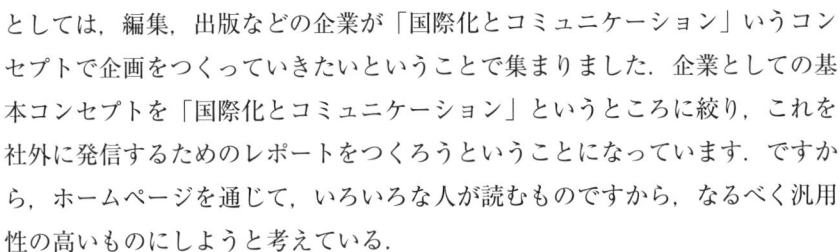

　今日は，これらをもう一度振り返ってみましょう．

レポート

国際化とことばの学習

1. はじめに

(1) 国際化における個人と社会

　いま，私たちの生活を見渡したとき，私たちは軽々と国境や地域を飛び越えて暮らしていることがわかる．私たちのまわりにはあらゆる国籍，地域の人，物，ことが溢れている．現在のこの状況を「国際化」という視点から眺めたとき，そこには二つの流れがある．

　一つは，より個別に，深化する流れである．メディアによる情報もさることながら，私たちはインターネットを通して，個々人の情報ネットワークを世界のあらゆる地域で築くことができる．SNS（ソーシャルネットワークサービス）などでは，情報は個人の興味・関心を主体に収集され，国や組織を通さず，個人と個人の接点を通ししてもたらされる．こうしたネットワークによって，個人が手にする情報の量，幅は以前に比べて飛躍的に増大し，より個別化している．国際化ということばは，もはや特定の状態，状況を指すものではなく，現在の私たち一人ひとりの日常をある一側面で捉えたことばになっている．

　もう一つの流れは，世界全体の緊密化という流れである．社会的な側面からみると，人・物・ことの交流が盛んになることによって，ある国，地域での出来事が及ぼす影響は，さらに広範囲に渡り，そのスピードもますます速まってきている．ある国での経済の悪化や，インフルエンザなどの伝染病の発生は，瞬く間に世界中に広まっていく．温暖化を含め，世界規模での問題の共有化，危機管理の国際化という認識なしでは，私たちが抱える問題はもはや解決することはできなくなっている．

　国際化は二つの流れが相互に影響し合いながら，進行している．個人がネットワークを築くことによって，より個別化していき，それと同時に社会が問題を共有することで，より緊密化していく．ミクロレベルの分裂とマクロレベルの融合である．

(2) 企業における「ことば」

　こうした二つの流れの中を取り結ぶものとして，いま「ことば」が存在して

いる．より深く個別化するそれぞれの個々人が，より緊密につながるためのコミュニケーションとしての「ことば」が求められている．

以前，外資系の企業に勤務していたとき，私はこのことを強く感じた．多国籍の社員で構成されているその会社で，私は社員サポートを担当していた．社員の勤務上のトラブルをサポートするこの部署に，もっとも多く寄せられたトラブルは，互いの価値観，意見，目的が通じ合わず，共有された問題を解決できないというものだった．第三者が介入し，当事者それぞれの「ことば」を解釈し，訳していくには限界がある．問題を共有した当事者どうしが，それぞれの視点から問題との関わりを描き出すことで，そこにある問題の姿が浮かび上がってくるのである．

私たちはいま母語，外国語を問わず，自分自身が仕事に対してどのような考えを持ち，なぜそう考えるのか，より個別化された「私」について，相手に主体的に述べることを迫られている．そして，それぞれの「自分」をことばで表現し合い，そこに共有されるものを通して，私たちは新たな関係を構築していく．

国際化が常態化した企業における「ことば」とは，共有された問題をともに解決していく「ことば」であると同時に，より個別化された「個」を自分自身が理解していくための「ことば」であり，それを他者に発信し，相互に作用しながら新たな関係を構築していく「ことば」である．

(3) ことばの学習

上記のように「ことば」を捉えたとき，その「ことばを学習する」アプローチを具体的に考えていかなければならない．

外国からの労働力，外国企業の国内進出，国内企業の海外事業の拡大など，ビジネス面でも，日常的業務にグローバルということばが使われるようになって久しい．このような状況のなかで，いま，企業に求められる「ことばを学習する」その具体的な方法も，以前とは異なった視点が必要になる．市場の拡大，利益の増大，それらをもたらすための道具の一つとして「ことば」を捉え，安易に英語学習を奨励することが国際化における「ことばの学習」ではないだろう．

ミクロレベルの分裂とマクロレベルの融合という状況では，「ことば」は効率的に情報を得，意思疎通を行うためだけのものではなくなってきている．こう

したなかで，それぞれの企業が，「ことば」の能力の必要性を認め，各社員にその能力を求めているが，その企業が求める「ことば」の能力とは，何であり，その学習の方法とはどんなものなのか，その具体的なものをそれぞれの企業は示していないのが現状である．自己表現能力，コミュニケーション能力，問題解決能力など，「能力」が掲げられ，その「能力」を養うセミナーなども少なくないが，ここでの「能力」は情報やスキルに置き換えられ，情報やスキルの習得が能力の育成だとされている．そこに現れる諸問題を，固定的なものとして客観的に捉えようとする視点がそこにある．

　しかし，より個別化された「個」を把握するための思考，他者の視点としての「ことば」，それが相互に作用し，ともに問題を解決していく「ことば」は，動態としてあり，「私」を主体として状況や関係のなかで常に変容している．その「ことば」は情報やスキルを効率的に習得することで育つものではない．

　現在求められる，国際化におけることばの学習とは，個別化されたそれぞれの「個」を主体に考えなければいけないのではないだろうか．それぞれの「個」が引き出す「個」であり，引き出される「個」としてコミュニティを形成する対話，そしてその対話を形成し，問題を共有するコミュニティ，この辺りに「国際化におけることばの学習」の方向性があるように思う．このレポートを通してこの方向で考えていきたい．

2. なぜ，英語なのか

　私たちが暮らしている今日の社会は，さまざまな面でグローバル化が急速に進展し，人の流れ，物の流れのみならず，情報や資源などの国境を越えた活動が活発となり，国際的な相互依存の関係が深まっている．依存関係が深まるとともに，国際的な経済競争は激化しており，日本の企業のビジネスパートナーおよび消費者は国内に留まらず国外に拡大している．また，私たちは個人レベルでも国際化に容易に接することが可能になっている．いまや企業がつくり出している商品はiphoneのように国際的に流通するものとなり，facebookやtwitterのようにどの国からもインターネット一つで接することができるサービスや国際ボランティア活動などに触れることができ，個々人が国際的活動を参画していける機会の増大がもたらされている．

こうした状況のなか，英語は母語が異なる人々の間を取り持つ国際的な共通語としてもっとも普及しているものであり，母語に次ぐ言語として多くの人が学ぶものとなっている．そして，ビジネスの現場において，英語が話せることはより多くのビジネスチャンスを掴めるものとして捉えられ，人的競争力の一つとして取り扱われているのである．そのような動きとともにアジア諸国では国際化における競争力の増大を謳い，学校の義務教育の中に必須科目として英語学習を位置付けようとする動きが活発となっている．

　日本の場合，文部科学省が平成15年に発表した「英語が使える日本人」の育成のための行動計画をみると，目標として「国民全体に求められる英語力」を掲げ，「中学校・高等学校を卒業したら英語でコミュニケーションができる」としている．

　このことは，いままで英語が十分でないために，外国人との交流においてことばによる制限を受けたり，自身の意見を十分にいえずに適切な評価を得ることができず，活動に参画することを諦めていた人を減らし，個人が母語が違う人々のなかで積極的に関わっていくための発言機会の増大を狙うものであるといえる．

　しかし，その基準として中学校卒業者の場合は実用英語能力検定（英検）3級，高等学校卒業者の場合は英検2級を打ち出している点には大いに疑問を持つ．これはコミュニケーション能力育成という目的がその能力を判断する基準として検定試験を持ち出しているがために，数値化される能力に転換されることとなり，いわゆる高得点を得るためにはどうするべきかといういままでの挿入式教育の範疇から大きく外れないものになっていると指摘できるのではないだろうか．

　企業においても，同様のことが起きている．TOEICやTOFELの点数によって，あの人は英語ができると判断しがちなのである．しかし，企業のなかで行われるコミュニケーションに求められる能力は，文法や語彙が十分であることで解決されるものではなく，場面に応じたコミュニケーションというものの正解が必ずしも存在するものではない．そして，正解が存在しないコミュニケーションに接したとき，私たちははじめて何のための英語学習であったのかを振り返ることになるのである．

教育学者の三宅なおみは,「英語を学ぶという場合,英語で何の話をしたいのか,そこをかなり詳しくはっきりさせておいたほうがいい」とし,「興味があるテーマについては,いろんなことを知っている,どんなことが話題になりそうか,ある話がはじまったら大体どんな展開になりそうか…（中略）…そういう知識がことばの使い方を確認していくうえで決定的に役立つ」としている.このことは母語を用いたコミュニケーションにおいても同じくあてはまる考えであろう.そのことを念頭において考えると,私たちが感じる母語が違う人との間におけるコミュニケーションの障壁は英語ができないことが問題であるのか,自分がいいたいことがわからないことが問題であるのか,がわかるのではないだろうか.

　これからは英語を学ぶことによって何か良いことがあると盲目的に行動することを止め,ただ単に英語力を育成することを目指すのか,より豊かな人生と人的ネットワークの増大を目指して自身のことばの力を育成するのかを考えるときなのである.

3. 私にとってのことば
(1) 母語と外国語

　ひとが生まれる以前からそこにはすでに築き上げられた社会があり,使われていることばがある.自分を取り巻く社会への参加は,そのことばを使うことからはじまる.個人は生まれると最初に母親に接し,母親が使うことばを真似することからはじまりやがて話すようになる.このことばは一般に「母語」と呼ばれる.

　個人は「家庭」という社会を拠点にして,その外の社会と関係を築いていく.そこでは絶えずことばによるコミュニケーションが図られ,個人は自分を説明するため,自分がどのような人であるかを示すため,他者と対話をする.このような,いくつもの関係が歳月とともに束ね重ねられ個人の自己は築き上げられる.そのなかで母語は個人を語る中枢として機能する.

　「移動」が現代人の日常になって久しい.国際化の流れのなかでは,ひとが動き,社会が動く.たとえ自分は動かなくても周りは変化し,膨大なネットワークを通じて情報が行き交う.それは私たちが多様な社会に触れる可能性が高ま

ることを意味し，また，多様なことばのなかに置かれるということを意味する．このような現実とともに「外国語」への関心も急速に高まってきた．しかし，それが意味するものは，とりわけ「国際社会の共通語」といわれる「英語」を取り巻くものが多い．進学や就職にあたっては英語のスコアが必要であり，学校や企業では英語関連のセミナーが開かれる．

　英語に限らずとも，「外国語」においては「能力」が優先視され，測ることが可能であるという認識のもとでスコア化されレベル分けされている．こうした風潮はすでに社会のなかに定着している．ここで私たちが注目し考えなければならないことは，この「外国語」が「ことば」を「能力」とみなし，身につけるべき「スキル」や獲得の対象として，達成できるものとして捉えられている点にある．

　「ことば」を能力視することは「対話」を妨げる要因となる．「対話」は，「自分のことばで自分を語ること」が相互に行われる行為であり，自分を語りあうことに留まらず，相手と自分を理解することでその接点・差異を認識し，共有された新たな認識へたどり着くことである．「個人」をくぐらせた対話は，初めて「コミュニケーション」として成立する．ここで使われる言語が「母語」であるか，「外国語」であるかは関係ないはずであろう．

　このように「母語」と「外国語」を捉えると，ことばとしての「外国語」はより鮮明にみえてくる．それは獲得するべきスキルではなく，他者・未知への接触を意味し，新たな関係性を築き，アイデンティティの再編成を促すものである．これは「ことば」を能力と捉えている今日の風潮からもっとも離れたところにあるということができるだろう．

　私たちは自分が何者なのかという問いを，他者の存在によって考えるようになる．自分がどういう人だという自覚・認識は，他者によって気付かされるものである．「自分を自分である」と認識することは，母語と外国語の関係からもうかがうことができる．「母語」という認識は，「外国語」があってはじめて成立し，個人が自分の「母語」を意識する際には「外国語」という相対化の対象が伴う．私たちが母語を使いながら形成した自己は，外国語に接することでさらに変容しうるのである．

(2)　私を語ることば，アイデンティティ

何かを伝える手段はことば以外にも存在する．その手段は，スポーツや音楽，その他のさまざまな表現活動を例としてあげることができる．しかし「自分が何であるのか，相手が何であるのか，私たちを取り巻く世界は何か」ということを確かめられるのは「ことば」を介したやり取りにこそあり，この「ことば」は手段・媒介以上の役割をはたしているということができる．

　アイデンティティとは，個人と社会をつなぐ架け橋のようなものである．つまり，「私」とは何者であるかを考えること，そして「私」はどのような立場にあるのか，という問題に関わっている．

　「アイデンティティ」に関してある者はこのように述べている．ここでの「アイデンティティ」は社会的に捉えられており，個人と社会，私と他者という関係性のなかで自分を問い，自分のことばで語ることとしている．

　私たちは，絶え間なく関係性を追うという行為を繰り返しながら日々を営為しており，それは「生きる」こと，もしくは「生きること」に値する．したがって「ことば」を「生きる」という文脈から切り離して考えることは意味がない．私たちは「ことば」を「自己」と「生きること」の間に位置付ける必要があるのである．

　自己との関わりとその再認識という変容は，国際化という触媒をうけてより加速するだろう．その間，個人のアイデンティティの再編成・つくり直しは幾度も繰り返される．そのなかで「私を語ることば」は，自分を知り，自分を示しうるものであると同時に，構築された関係性のなかで新しい価値を生み出すことへつながるものであるはずだ．

（参考）河口和也，1997，「懸命にゲイになること―主体，抵抗，生の様式」『現代思想』青土社．

4. ことばを学ぶ意味―アイデンティティと関係性
(1) 動態としてのアイデンティティ
　アイデンティティとは何か．簡単に答えられる問いではない．かつて「ことば」で代表されたある地域や民族のアイデンティティは，さらに小さいカテゴリーへと解体され，「ことば」とアイデンティティが結びつくとは限らなくなっ

ている．それどころかすでに現実は，一つの地域社会に，いくつかの異なる文化，ことばが共生する多文化・多言語という概念も超えてしまっている．一人ひとりを単位として，そのなかに複数の文化，複数の言語が存在するという考え方でなければ，文化もことばもアイデンティティとの関係で語れなくなっている．いまやアイデンティティは文字どおりそれぞれの「個」として存在している．この「個」のアイデンティティは，国や文化，民族に含まれ，支えられる「個」ではない．反対に「個」のアイデンティティを中心に据え，国や文化といったものを眺めることでそこに新たな意味が生まれてくる．「個」を主体として置いたとき，かつて固定的に捉えられていた国や文化の存在は，「個」のアイデンティティを構成する動態的な「経験」の一つとして意味付けられる．同時に「個」も，複数の「経験」を通して変容する動態である．私たちは，固定文化に意味付けられた「個」ではなく，新たな文化を創造する動態的な「個」として存在しているのである．

(2) 対話がもたらす意味

　国や大文字の文化に帰属しない「個」である私たちのアイデンティティは，何によって新たな文化を創造していくのだろうか．「対話」という行為のなかに，その創造の力が潜んでいる．「ことば」はコミュニケーションの手段としてあるのではない．心，あるいは頭に固定された思考が存在し，それをことばに換えて伝達するという静態的な発想が，このコミュニケーションの手段という考えを生んでいる．しかし，私たちは最初から頭脳に在る思考をことばで表現しているのではない．表現すること（ことば）で思考を連続させているのである．自己のなかの他者性も含めて，他者と表現（ことば）＝思考を繰り返すことによって，相互に妥当した新たな意味が生まれてくる．それが関係性的意味であり，新たな文化の源である．この新たな意味付けについてフレイレは以下のように述べている．

　　「コミュニケーションとは，不断の相互作用である．したがって，認識することと伝え合うことを重層的な働きとしてとらえることなしには，思考を理解することはできない．認識し，伝えあうということは，しかしながら，思考し認識されたことがらを，つまり出来上がった思想を単に相手に普及するということではない．コミュニケートするということは，互いの

思想の交流をとおして，対象が何を意味しているかを明らかにしていくことなのである.」

(フレイレ 1967-1968 ／里見他訳 1982：220)

また，フレイレは「対話とは，世界を命名するための，世界によって媒介される人間と人間の出会いである」(フレイレ 1970 ／小沢他訳 1979：97) といっている.「対話」とは，他者と出会い,「経験」をその他者とともに表現(ことば)＝思考を相互作用することで,「経験」を新たに意味付ける行為である. また，対話行為をとおして，他者との関係に新たな「私」というアイデンティティを位置付けることでもある. 動態としてあるアイデンティティは他者との関係性によって，それぞれの「私」として現れる. 対話をとおした「私」は他者と「私」が相互に妥当し，理解した「私」である.

(3) ことばを学ぶ意味

「個」であるアイデンティティは，他者性との「対話」によって,「経験」を意味付け，新たな「個」を創造し，他者と共有する動態的な存在として成り立っている. このそれぞれの個を結びつけ，協働させる動機の一つとして，しばしば社会的問題の共有があげられる. 確かにアイデンティティの個別化は，同時に個々のアイデンティティが同じ問題に直面するという共通点で緩やかに結ばれている.

一つの国での経済の崩壊，ある地域での伝染病の発生，地球温暖化など，人・物・ことの移動に伴って，ある出来事の影響の範囲が広がり，かつてなかった規模で私たちは問題を共有している. そしてその協働による問題解決に対話的関係性が大きく寄与していくのは事実である.

しかし，問題の共有という状況が直接私たちを結ぶものではない. 私たちを結び付けているのは,「わかった. わかってもらった.」という実感である. 同じ温暖化という問題でも，私たちはそれぞれの個をくぐらせて，その問題をみつめている. この「私」と問題との関わりが，異なる視点と出会い，対話(ことば)を通して相互の「個」が理解に至ったとき,「わかった. わかってもらった.」という実感が喜びを伴って立ち現れてくる. この実感が私たちに「個」としての存在意義をもたらすものになる. 問題の共有や社会参加のためにではなく，この喜びの実感が協働で関係性的意味構築を行う行為へと私たちを導くも

> のである.「ことば」による相互理解の喜びが私たちの対話関係を支えていると認識することは重要なことである.そこには,よりよく生きようとする生命としての私たちとそのためのことばが重なるからである.

【全体の印象】
新野:どうですか? 全体をとおして読んでみて,わかるとか,おもしろいおもしろくないとか,率直な感想をいってください.複数で少しずつ書いているので,文体も少しずつ違うし,ちぐはぐな部分はやむを得ないという状況ですね.それはやむを得ないところですが,これから調整していきましょう.いままでのところで気になったこと,何かありますか.
清村:改めておもしろいと思いました.ただ,だんだんことばが難しくなっていく印象があります.
小野:どこから難しくなる?
清村:そうですね.「4」あたりからちょっと.
小野:「4」?
清村:はい.だんだん,というか.
小野:そんなに難しい?
今田:プールでいうと,足がつかなくなってくるような感じか.
清村:うん.急に深くなる.最初(「1.はじめに」)は,そんなに難しくないと思って読んでいくと,そういうものではなかったというような.
今田:うん.
清村:はじめのほうは確かにそう思った.暇なときにでも簡単に読めて,おもしろいが,「4」ぐらいから一生懸命読まないといけない感じがする.
小野:「3」まではやさしいんだ.
清村:特に,「1」の最初のところが親しみやすい.英語のところも内容的にも身近である.「3」でちょっと下がり,「4」で,ぐっと下がる.
小野:下がる?
清村:下がるというか,深くなる.
新野:(感想は)そんなところですか?
大和:ぼくは全体的にはわかりやすいと思います.外部に発信するという一般

向けとするなら,「1. はじめに」の2ページ目,真ん中あたりの「より個別化された私」,「3. 私にとってのことば」2ページ目の真ん中やや上「個人をくぐらせた対話」,その下「私を語ることば」,「アイデンティティ(ことばを学ぶ意味—アイデンティティと関係性—)」の3ページ目の真ん中,「母語を使う環境で築かれた私たちのアイデンティティが外国語に接することで変容する」,これもわからなくはないが,専門的だという印象を受ける.
小野:「4」で,わかりにくい点はあるか?
大和:「4」は,テーマ自体がヘビーかな,と.
小野:ヘビー.うん.
大和:でも,ぼくはすごく大切なことだと思うし,とても言いたいことなんだろうなと思う.
清村:一般向けなんですよね? 対象が.
大和:ですよね.
新野:一般って,だれですか?
清村:自分でいって,しまった,と思いました.
今田:でも,コンセプト説明のときも,一般に,としている.
新野:そうね.
清村:では,こういえばいいんですよね? これを書くことになったときに想定された一般というのは,どんな?
小野:岩波新書を喜んで読むようなタイプの人.
清村:ある程度そういった人なんですね.
今田:少しは「ことば」に興味がある人を想定する.しかし,言語や言語教育の理念に関してはあまり知らない人.
小野:新聞記者とか.
新野:少なくとも言語教育の専門の人ではないでしょうね.しかし,ことばに興味を持っているような人.国際化,個人とか社会の問題にも.
小野:「4」はもっとわかりやすい表現に変えたほうがいいか?
大和:いや,わかりやすいと思う.「4」は専門用語としてチェックを入れたところはない.ああ,これね,という感じで読んだ.
新野:どうですか? だいたいの全体的な主旨は伝わりますか?

皆：はい．
大和：フレイレのことを知らない人が読んだら，だれだろうと思うかも．
新野：フレイレの説明を入れたらいいね．
小野：本文として入れますか？ 注釈として入れますか？
新野：注を入れると，アカデミック風になってしまう．たとえば，南米の識字教育に携わったフレイレは，以下のように述べている，という感じでいいのではないかしら．突然，フレイレが出てくると，ビスケットの名前とか思うかも．
清村：フレイレに関しては引用があるが，「私を語ることば」においても引用があったほうがいいでしょうか．文献の引用など．
小野：何がいいかな．対話，母語と外国語，全部の（項目，トピック）に引用を入れるということですか？
新野：「1」には必要ないでしょうね．「まとめ」に相当する部分には引用は不要で，それまで述べられたことをまとめ，最後に「国際化とことばの学習」に対してこの企業はこのように考える，というのが明確にみえるような文章が望まれますね．
小野：全体として気になるのは，「ことばの学習」といっているけど，「学習」の具体的なことはほとんど書かれていないよね．
新野：そうすると，テーマをもう少し大きく捉え直す必要があるかも．
清村：えー，全体の書き直しですか．
新野：そうじゃなくて，調整でいけるんじゃないかな．

【「1．はじめに」の内容再検討】
新野：で，最初は「1．はじめに」を復習すると，（「国際化とことばの学習」の部分）個人と社会の問題があって，個別化していくことと同時に社会が問題を共有していく，という2つの方向性があるということを確認します．
小野：はい．
新野：それが企業においては，その2つの方向性をことばというものによって，もう一度企業として考えていく必要性がある，ということを「(2)企業におけることば」でいっている．それでいいのかな．
小野：はい．

新野:ここ,ちょっとことばが必要かもしれない.その(「(2)企業におけることば」の)最後の3行.
清村:最後の3行?
新野:今の「企業におけることば」というのがあって,要するにことばであると言っているけど,その次の「(3)ことばの学習」へ続くわけ.で,ことばの学習とは何かというと,個を主体として考えなければいけないと言っていて,そこで対話の形成があり,問題を共有するコミュニティ,こういう方向で考える必要がある,と言っている.これは最新バージョンかしら?
小野:そうです.
新野:要するに,個人の問題と社会の問題の2つの側面がある.それをことばでつないでいくのである,ということ.それが企業においては,それをことばの学習に結び付けていくときに,スキルとして,習得,学ぶのではなく,問題を解決していく個,個に注目するということか.最後の4,5行,そこ(「(3)ことばの学習」の最終段落)がちょっと弱いのではないかしら?
小野:ここが弱い?
新野:スキルではない,だから,個を主体に考えなければならない,ということの根拠がない.
小野:はい.
新野:そこは,もう少し考えたほうがいいんじゃないかしら.それは個人に注目するということでしょうけど,個人と個人が形成するコミュニティ,そこには対話が必要だという図式はわかりますね.

【「2.なぜ,英語なのか」の内容検討】
新野:このような前提があったうえで,なぜ,英語なのか,今田さんの原稿(「なぜ,英語なのか」)がこのようになっていて,いわゆる検定試験の基準によって英語の能力が規定されている.それがコミュニケーションの障壁となっている.英語ができることが国際的なコミュニケーションができることではなくて,逆に,その英語が検定の基準で測ってしまうというような考え方がコミュニケーションの障壁になる.
今田:はい.

新野：だから，英語をどのように考えていけばいいか．英語力を育成することでなく，より豊かな人生と人的ネットワークの拡大，増大をめざして，自身のことばを育成することを考えなければいけない，という結論ですね．
今田：はい．
新野：母語と第二言語の関係というのがここでみえてくる．
今田：はい．
新野：そうすると，力点は，自分のことばの育成というところにあるわけね．ここをもう少し書き込まないと．
今田：はい，そうですね．

【「3. 私を語ることば」の内容検討】
新野：それを受けて，「3. 私にとってのことば」は，「(1)母語と外国語」「(2)私を語ることば，アイデンティティ」の2つに分かれている．
清村：うん．
新野：「(1)母語と外国語」のところは，母語というのは自分を認識することばとしてあり，アイデンティティの問題と関係がある．そうすると，母語をどのように位置付けるか，ということが，自分を支える基盤として母語を考える必要がある，という主張と重なる．そして，そのようにとらえると，ことばとしての外国語の位置付けも変わってくる．で，スキルとか情報ではなく，関係性を築くことになる．これが重要だというわけですね．
清村：はい．
新野：それで，外国語を介して築かれた世界は，さまざまな意味で自分へ返ってくる．相対化，自己との関わりとその再認識という課題がある．一方，それを受けて「(2)企業におけることば」というもの，ここでは何をいおうとしているのか？
　問題解決，対話の必要性，相互理解，新たに生まれることばとして対話が出てくる，と．で，「(2)私を語ることば，アイデンティティ」というのは，ことばと私を切り離すことが不可能で，ことばを獲得すべく能力として捉えるのではなく，生きることとして捉えなおす必要がある，という方向かしら．
　それでは，今日は内容も盛りだくさんだったので，これくらいにしておきま

す．来週は，「4. ことばを学ぶ意味―アイデンティティと関係性」の内容検討と「まとめ」をどのようにして書くかというところに入ります．

> **武蔵のひとりごと**
> 全体を振り返る意味 
>
> このようにして全体をまとめ，それを一つひとつ確認していく作業はかなり大変だ．今までは一人ひとり書いていたのであまり気付かなかったが，全体を通してみると，冗漫なところや不足の部分がかなりはっきりみえてくる．やはり，このレポート全体でいいたいことは何かという点が一番気になるところだし，それがとても大切だということがわかる．
>
> 最後の「ことばを学ぶ意味」は，全体のなかで一番難しい気がするが，これを新野リーダーが来週に残したのは，たぶん「まとめ」を意識したものではないかと思う．なぜなら，この「ことばを学ぶ意味」の章を検討するためには，ある程度，「まとめ」を予測しておかないと発言できないような気がするからだ．
>
> この研修プロジェクトで，僕たちが議論してきたのは，企業における個と社会の問題で，この関係が重要だということは僕たちの合意としてあるといえるだろう．しかし，この個と社会を結ぶために，僕たちに何ができるか，何が必要なのかという問題については，まだはっきりしていない．
>
> 僕はここで自己表現と他者理解という2つの要素について考えてみた．これはつまり，会社のなかでの相互理解ということだ．この個と個の相互理解により，個人が所属する社会自体の活性化につながるのではないだろうか．
>
> 目次設定と分担を決めたとき，「まとめ」は，僕の担当になっている．僕の責任をどのようにしてはたせばいいのか．次のミーティングでの，僕の課題だ．

研修第10回
終章の内容検討から「まとめ」へ

新野：先週に引き続いて，全体の調整ということで，今日は，「4. ことばを学ぶ意味―アイデンティティと関係性」のところを検討し，最後に「まとめ」の方向性を考えましょうか．

【「4. ことばを学ぶ意味―アイデンティティと関係性」の内容検討】
今田：まずアイデンティティとは何かということになるんですけど，いきなり

出るよりも，その前にアイデンティティのことが「3．私にとってのことば」のところで論じられる必要があるのではないかと思います．

小野：いきなりすぎる？

今田：ええ，それを受けて，アイデンティティと関係性の問題に入ったほうがよいのではないか．個のアイデンティティを集団的なコミュニティとしてではなく，個を中心に据えると，新しい意味が生まれる，と．しかし，それは非常に動態的で揺れ動いてるものだ，固定的に築き上げられたものではなく，動態的な個として捉える必要がある，という話でしょ．

小野：ええ，まあ．

今田：そして，そこで対話がもたらすものは，そこには対話という行為が必要だ，なぜならば，表現するためには自己の中の他者性を含めて，他者とのやりとり，インターアクションによっていろいろな意味が生まれてくる．で，フレイレを引用している．

　（最終段落の部分）「対話とは他者と出会い，経験をその他者とともに表現，思考を相互作用することで，意味付ける行為である．動態としてのアイデンティティは他者との関係性によって，それぞれの私として現れる．対話を通した私は他者と私が相互に妥当し，理解した私である．」

小野：何を笑っているの？　大和君．

大和：いや，素人離れした文章で．

新野：この部分が少し抽象的ね．

大和：うん，なんか，うん．

新野：でも，まあ言っていることは，ほぼこれでいいと思う．書き方としてはもう少しわかりやすいほうがいいかもしれないわね．

今田：私もそう思う．それから，これ（「アイデンティティと関係性」の内容）はことばを学ぶ意味だから，少し違うかもしれない．この「アイデンティティと関係性」のところは，「ことばを学ぶ意味」というのが付いていたのではないか？

大和：はい．「4．ことばを学ぶ意味」のサブタイトルとして「アイデンティティと関係性」というのがテキストにもあるはずです．

新野：そこへ持っていかないと．

小野：なぜことばを学ぶのか，ということですね．
新野：そういうことね．
今田：「3. 私にとってのことば」というのがその前にあり，そこでことばを能力として捉えるのではなく，生きることとして捉え直す必要がある．それは母語も外国語も結局は同じであるということをいおうとしているのでしょ．
清村：母語か外国語かにこだわる必要はない．
小野：うん，なるほど．
今田：それで展開して，ことばを学ぶ意味，なぜことばを学ぶのかにつながりますね．
新野：このレポートの一番大きなタイトルが「国際化とことばの学習」ならば，たしかにアイデンティティと関係性を振り返るという視点は重要だけど，問題は，そこからことばを学ぶ意味にどのようにつなげるかでしょう．
小野：さらに一段落書くということですね．
新野：ええ．それで，個人と社会という問題に帰っていかないと．一番最初に提案した問題に帰る必要があるでしょうね．
今田：では，この部分で結論が出せるか．それとも，結論の章を設けるか．
小野：最後のまとめがあったほうがいいのでは？
大和：うん．
新野：そうですね．結論は必要でしょうね．1〜4までの全体をまとめる章という意味でね．それで来週は，その結論部分の執筆と検討ということになるかしら．誰がやるかは置くとして，その次の再来週までの作業だけど，小野さんは，自分のをもう少し手を入れてくる．
小野：はい．わかりました．
新野：で，清村さんがもう少し全体的に書き込んでくる．
清村：ここにもっとアイデンティティに触れたほうがよいということですか？
新野：もっと，というか，もう少し．次が（「3」の次である「4」が）アイデンティティについて詳しく触れるから，そのための呼び水のようなもの．詳しくいう必要はないが，アイデンティティというのが重要であるというところで終わってかまわない．
清村：はい．構成として（「3. 私にとってのことば」の）最初の「社会とこと

ば」のところが重なる部分が多いので，省いてもいいかなと思う．

新野：ああ，いいですよ．

清村：（「3. 私にとってのことば」について）ほかに加えたりできそうなところがあるか？　この流れで次に移るのは不自然ではないのか？

今田：「なぜ，英語なのか」から文科省計画を述べ，企業のなかのことば．

新野：「私にとってのことば」，それが先にあったほうがいいかもしれない．企業のなかのことばというのは，ここでは

清村：入れなくてもいいですか？

新野：ちょっと待って．入れないとしたら，どうなるか．「母語と外国語」，「私にとってのことば」．企業のなかのことばというのは，ちょっと書きにくいのではないか．

今田：企業のなかのことばを「節」ではなく，「母語と外国語」のなかに入れてしまうのはどうか．外国語について語るときに企業のなかのことばで英語を取り巻くことを話し，そういう観点があっても，外国語との差はないと述べる．それから，「私にとってのことば」へいくとか．

新野：そうね，企業のなかのことばなのかな．

清村：企業における？

新野：企業におけることば？

今田：「企業におけることば」にするのではなく，「企業における外国語」にしたほうがいいのではないか．

清村：動機文（「はじめに」）の「2」にあった，「企業におけることば」に触れなければならないのだと思っていた．では，ここで英語のことをもう少し書くということかしら．

新野：そうね．（前の章で）英語のことがあるから，それを受けてもう少し発展させる．そうすると，英語のところ，「2. なぜ，英語なのか」の最後の7行がやや唐突に感じる．この7行をもう少し書く必要があるのではないかしら．コミュニケーションの障壁は英語ができないことが問題なのか，自分のいいたいことがわからないことが問題なのか，はっきりしないということである．それはつまり，母語と外国語の問題につながっていく．そして，いきなり「より豊かな人生と人的ネットワーク」というのが出てくるので，わかりにくいかもしれ

ない．いきなりそのように書くのではなく，自分の言いたいことが相手に伝わらないことが，英語ができない問題なのか，自分の言いたいことがわからないことの問題なのか，その問題を考えなければいけない．そうすると，それが最終的にネットワークや人間関係の問題とつながっているということを述べる必要がある．このようなことを（「2．なぜ，英語なのか」の）後半に書き込む必要があるわね．

今田：そうですね．

新野：それを受けて，清村さんのところで「私にとってのことば」として，母語と外国語から入り，「企業におけることば」から「私にとってのことば」といったように展開するのか．その最後のところでアイデンティティの問題に触れておくのでしょうか．その次の「4．ことばを学ぶ意味—アイデンティティと関係性」というところは，それを受けてことばを学ぶ意味という主題で．

小野：最後にまとめる？

新野：そうね．アイデンティティと関係性のことをしっかり述べてほしい．軸は，「個人」と「社会」という2つがあり，それを結んでいくものがコミュニケーションである，ことばによるコミュニケーションであるということ．

小野：はい．

新野：それに対し，企業はどう向き合わなければならないか，という問題に直面しているという話になっている．その際，英語を学べば国際化だという風潮があるが，そうでなく，英語も学ぶにしてもスキルを学ぶのではなく，もっと自分の母語との関係を考えていく必要がある，というのが2番目の主張である．そして，母語との関係を考えていくと，私を語ることばをどのようにつくっていくかということが必要になるでしょうね．そのためには，アイデンティティとは何かと考える必要があり，アイデンティティというのは関係性のなかで構築される動的なものだ，ということになる．それを受けて，企業として国際化とことばの教育とはこういうものである，と．だれか書きますか？　大和さん，書きますか？　最後のまとめ．

大和：えー？　まとめですか？　僕が，ですか？

新野：はじめの「1」から，「2．英語と国際化」，「3．私にとってのことば」，「4．アイデンティティ」ときましたから，まとめとしての文章を考えてみてくださ

い．じゃ，最後は，約束どおり，大和君に締めてもらいましょうか．

小野：それはいい．

（全員，拍手）

新野：新しいことを書く必要はないんです．これらに書かれていることをまとめながら，最後に．一番大事なのは，これが企業の，企業から発信するポリシーを社会に発信する，1つのレポートを研修の場で課題としてみんなで検討しているというものですから．

大和：はい，やってみます．

新野：最後の国際化とことばの学習では，企業において国際化するとはどのようなことか．そこでことばを学ぶとはどのようなことか．これらを結論として述べられるか，ということでしょう．具体的に，国際化とことばの学習というのは結局何なんだというのがわからないというのであれば，企業としてのポリシーに関わることを明確にすればいいということでしょうね．

武蔵のひとりごと

自分の考えていることを表現できる企業へ

　終章で言いたいことは，「ことばを学ぶ意味」を明確にすることで，ずいぶんはっきりしてきた．

　今週の議論で，僕が考えていたことは，企業における個と社会の問題で，この個と社会を結ぶために，僕たちに何ができるか，何が必要なのかという問題だった．先週から考えている自己表現と他者理解という，会社のなかでの相互理解ということばをキーワードに，個人が所属する社会自体の活性化につながるような提案をしたいと考えた．

　大学のときのゼミで読んだ参考文献を思い出して，この一節を引用してみた．

　「私のことば」で表現する自由のためには，個人一人ひとりの「個の表現」というものを保障することと同時に，「教室」というコミュニティのなかで，共同体メンバーとしての他者との関係をつくることで，権力としての集団規範から解放されなければならない．そのためには，人は一人ひとり違っていていいんだ，あなたの思ったとおり，あなたがいいたいようにいえばいいんだ，ただし，ここにいる，それぞれの「私」にわかるように説明してほしい，と．なぜなら，あなたは，ただ一人でいるわけではなく，これから創りあげる，この共同体としての空間の，欠くことのできないメンバーの一人として，ここにいるのだから．

　　　　　（『わたしを語ることばを求めて―表現することへの希望』（三省堂，2004）p.23）

　この「教室」を「会社」に換えてみると，ちょうど今と同じような状況が現れることになる．

つまりは，このような企業自体の宣言から，ことばによるコミュニケーションは始まることをここで述べればいいだろう．

この一節を使ってみたことで，僕のなかに，「自分の考えていることを表現できる企業」というイメージが湧いた．この会社のイメージを「個人共生型企業」と仮に読んでみたらどうだろうか．

その場合に重要なことは，「会社」というものを抽象的な共同幻想として捉えるのではなく，具体的な他者との関係性として捉えることだろう．これまでのコミュニケーション論は，むしろ抽象的な「会社」を制度として固定化させ，その「会社」と「個人」という対立によって，「私」の自己表現が具体的な他者との関係性にあることに目を閉ざしてきたのではなかろうか．それは，この研修でも話題になった「日本人は…」「日本社会は…」というステレオタイプとも関連がありそうだ．

たとえば，いつもの働いている職場が，ちょうど，このプロジェクトみたいに，自分が考えていることを表現できる場だったら，会社としてもすばらしいことだと思う．このことを何とかことばにしてみよう．

研修第11回
自分の考えていることを実現できる企業──個人共生型企業というアイデアへ

新野：今日の担当は大和さんだったかしら．

大和：はい，いままでの1章～4章までをもう一度読み直し，これをまとめる感じで書いてみました．新しく書き足したのは，「自己表現」と「他者理解」ということです．これは，僕がいつも感じていることなので，どうしても入れたいと思って．あと，「私にとってのことば」と「私を語ることば」というのは，少し違う気がしていて，どうしたらいいか迷いました．「自分のことば」「私のことば」をどう考えるかも重要だと思います．ご意見，お願いします．

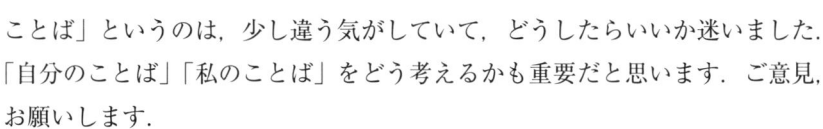

レポート

いま，私たちは岐路に立っている．世界は未知なる強大なものではなくなり，より現実的に私たちの手元に情報として入り込んでくる．それに相反するように，互いを求め合い，関係を「個」として結び付けていこうとする力も強くなった．私という存在が，他者との関わりや共有によってこそ成り立つものであると改めて認識せざるを得ない世界が，いま，目の前

に広がりつつある．

　企業の国際化に伴い，ことばはもう一度見直されなければならない．ことばは単にともに問題解決をするための道具ではなく，「個」としての自己表現と，他者理解という，いわば相互理解と深く結び付いているものであるからだ．この相互理解に必要なことばとは何か．企業が求める「ことば」とは何か．おのおのが，これを問い直すべきである．

　では，私たちにとっての「ことば」とは何か．私たちが指し示す，国際化としての「ことば」とは．それは，共通した一貫性のある言語学習ではなく，私が私を表すための「ことば」である．触れ合う人々の規模が拡大されているいまだからこそ，私は私を表すことが必要なのだ．「個」と「個」の対話は情報交換のみならず，より「個」を表す「ことば」が求められる．その「ことば」は，一見それぞれが持ちえて使いこなしているかのように思えるが，現在の日常のコミュニケーションに使用される「ことば」に日々問いかける人は少ないだろう．だからこそ，私たちが自身を語る「ことば」を表せるようになるには，教育が必要である．それはすなわち，「場」をつくることである．さまざまな関係性に立ち会う「場」づくりが必要なのだ．自身を語ることばの学習に，有効な知識を与えられる教師などいるだろうか．答えは明瞭であろう．私は私によってしか，表すことができないのである．

　私たちの「個」を表すことばは，他者との対話によって表れ，揺れ動き，変容し，また新たな私となって返ってくる．この「個」を語る私としてのことばは，他者の視点から向き合うならば，それは相互の自己表現となるだろうし，相手へ問いかける行為は，他者理解といえるだろう．これら一連の行為は，互いが語り合うことを繰り返す中で，自然に生まれ出ずるものである．つまり，私たちは相互の作用によって，ことばを学んでいくのである．必要なことは語り合う他者が在ること，それだけだ．私を語ることで，私も私の「個」を知る．そう考えれば，他者との関わりなくして私たちは存在することも，難しいのである．

　企業において，国際化ということばが意味するものは，単なる情報の共有やフィールドの広さを示すものでは不十分であろう．世界をフィールド

とした「個」としての相互理解への前向きな姿勢が求められる．つまり，「個」を表すと同時に，「個」を世界に求めていく姿勢である．「個」が「個」を求める―関係構築には「対話」が不可欠であることからも，ことばは一層重い意味を持つ．つまり，企業としてのことばへの理念や教育への姿勢を持つことこそ，国際化に近づく一歩であるといえるだろう．

　ことばの教育とは何かを明確に提示することは不可能である．残念ながら答えはどこにも落ちてはいない．けれど私たちの考えを記すならば，それはニッチ――各々の居場所やコミュニティ――の提供である．この「場」は絡み合った関係のなかで，あらゆる可能性を持つといえるだろう．企業はもはや，目先の利益だけを追いかけていては成り立たない．このような「場」を提供することは，一種の環境づくりといい換えることもできるだろう．一見，参加者主体の個人どうしの関係構築の場のようではあるが，それはゆっくりと社会を循環し，最終的には私たちの元へと還ってくるのである．私たちが率先して環境を，社会をつくっていく意識を持つことは未来を見据えた行動として意味を持つ．

　企業が国際化を目指すのならば，それぞれの「国際化」についての捉え方を定めなければならない．マクロレベルの視点だけでなく，それを構成する私たち一人ひとりの「個」をみる視点もあって然るべきであろう．そして私たち「個」が他者と理解しあうとき，語ることばがある．このことを，私たちは自身と世界に再度問いかける時期にきている．それぞれが，問いの答えを出すことができたとき，そしてことばの意味と価値を理解したときにこそ，国際化の扉は大きく開かれるのだ．

新野：全体としてよくまとまっていると思います．皆さん，どうでしょうか．
丸井：大和君もなかなかやるじゃないか．
小野：だいたいこれでいけるんじゃないでしょうか．
新野：これで，結論までの原稿が全部そろったことになりますが，結論を含めて，これまでのところで，何か感じたことはありますか．全体の調整は，まだこれからやらなければならないと思うので．
大和：一ついいですか．

丸井：ほう．

新野：どうぞ．

大和：書いていて一番引っかかったのが，「私」と「ことば」の関係．「自分のことば」というのがよくわからないんです．会社が自分の考えていることを表現できる場だったら，とてもいいなと思っていて，たとえば，いつもの働いている職場が，ちょうど，このプロジェクトみたいだったら，すごいなと考えたことがあります．そんなことを少し書いて持ってきたんですけど，検討してもらえますか．どうでしょうか．

新野：このプロジェクトのことをそんな風に考えてくれるなんて，リーダー冥利に尽きるわね．ぜひその文章化を大和君にお願いしたいわ．

レポート

自分の「考えていること」を表現できる企業

　現在の企業の現場では，「私のことば」は生かされているだろうか．残念ながら，今の企業の現場は必ずしもそうした状況ではない．それは，会社という組織のなかで，こうした協働的相互コミュニケーション行為としてのことばの活動が積極的な意味を持つことはほとんどないからだ．だからこそ，「会社のことば」だけが幅を利かせ，「私のことば」は阻害されてしまう．そこに，「私のことば」を取り戻し，「私のことば」で表現するという活動の意味があることになる．こうした協働的相互コミュニケーション行為としてのことばの活動の原理を自覚的かつ積極的に企業活動に取り入れること，このことによって，企業は見違えるように活性化するはずである．

　「私のことば」で表現することを促すためには，自分の「考えていること」を把握し，相手に伝え，さらに相手からの意見を受け止める環境をつくることが必要になる．それがすなわち，「私のことば」で表現できる会社という環境づくりになるだろう．

　では，こうした個人共生型企業を実現するにはどうしたらいいのか．それは，企業を自己発信表現型へ転換させることである．

　「私のことば」で表現する自由のためには，個人一人ひとりの「個の表

現」というものを保障することと同時に，「会社」というコミュニティのなかで，共同体メンバーとしての他者との関係をつくることで，権力としての集団規範から解放されなければならない．そのためには，人は一人ひとり違っていていいんだ，あなたの思ったとおり，あなたが言いたいように言えばいいんだ，ただし，ここにいる，それぞれの「私」にわかるように説明してほしい．なぜなら，あなたは，ただ一人でいるわけではなく，これから創りあげる，この共同体としての空間の，欠くことのできないメンバーの一人として，ここにいるのだから．

　このような企業自体の宣言から，ことばによるコミュニケーションははじまるのだろう．この場合に大事なことは，まず組織のなかの個人が自分のテーマを発見するということである．しかし，そこで，そのテーマは一体，自分にとって何かを考える，つまり，「私」をくぐる必要があるのである．

　「私」をくぐる，というのは，いわば前提としてのさまざまなテーマを自分の問題として捉えることである．その会社のテーマが，まさに自分にとってどのような意味があるのかということなのである．

　この自分のことばで語る，自分の問題として捉えるという立場が決まることによって，少しずつではあるが組織のなかの個人は自分のことを語り出す．それは自分の個人生活のすべてを語るとか，あるいはプライバシーや心情を吐露するとか，そういうことではない．また，対象そのものの価値や実際について微細に記述する必要はない．組織としてのテーマと自分との関係を，「私のことば」で語るということなのである．

　ここでは，企業における企画やコンセプトあるいは商品や販売といった，さまざまな対象が議論の素材となって，インターアクションが繰り広げられる構造になってくる．

　この個人一人ひとりの表現の保障された場所で，それぞれの「文化」がぶつかり合い，ときには火花を散らして接触し，ときには暖かく慰めあうという，そういう状況に至る．しかし，その一仕事が終わるという段階になると，その他者との信頼関係が取り結べたという，達成感を持つことができる．それが，個人一人ひとりの自己実現というところに収束してい

く.

　ただ，最後に考えなければならないことがある．それは，「私のことば」で語るということは，決して自己中心的になるということではないことだ．他者との関係における「主体」として語るということだからだ．他者との関係のなかで，常に「私」を問いつづけなければ，ことばは空洞化するだけではなく，制度化した言語に巻き込まれ，ついには「私」を失うだろう．その場合に重要なことは，「会社」というものを抽象的な共同幻想として捉えるのではなく，具体的な他者との関係性として捉えることである．従来のコミュニケーション論は，むしろ抽象的な「会社」を制度として固定化させ，その「会社」と「個人」という対立によって，「私」の自己表現が具体的な他者との関係性にあることに目を閉ざしてきたのではなかろうか．それは「○○社会」「○○人」という集団類型化認識と無縁ではあるまい．

　重要なことは，私たち人間の一人ひとりが顔を持った個人として，私のことばで自分の思想を語ることである．イメージとしての架空の「会社」像に踊らされることなく，どれだけ十全に自己を主張できるかである．しかも，その主張とは，決して独りよがりではない，他者との関係性において世界を共有しうるものでなければならないのだ．

小野：これはとてもよくわかる．
丸井：全体として，なかなかおもしろいね．一つ「あなたの思ったとおり，あなたが言いたいように言えばいいんだ．ただし，ここにいる，それぞれの「私」にわかるように説明してほしい」というところ，これは君のオリジナルかな？
大和：いえ，大学のときにゼミで読んだ本に同じようなことが書いてあったので．
丸井：もう少し具体的に，話してくれないかな．
大和：高校生への国語表現実践の本で，その本の前のほうのところで，こんなことが書かれてあったんです．たしかに高校と会社ではずいぶん違うけれど，コミュニケーションという観点からいうと，かなり共通している感じがします．この本に書いてあったことは，あくまで学校の授業での話なんですけど，会社

の場合で考えてみたら，結局同じことがいえるのじゃないかと思って．
丸井：何という本？
大和：『わたしを語ることばを求めて』
丸井：サブタイトルは「表現することへの希望」じゃないかな．
大和：はい，たしかそうだったと思います．
丸井：その本の著者は僕の大学時代の友人だよ．
大和：へー，そうなんですか．
丸井：友人の本だからというわけじゃないけれど，それはちゃんと引用として文献名を示さないと，泥棒になっちゃうぞ．剽窃は立派な犯罪だからね．
大和：はい．
新野：「個人共生企業」というのは，大和君のオリジナル？
大和：はい，そうです．
小野：このターム，いいですね．
新野：文中に１回しか出てこないけど，もう少し説明が必要かしら，とてもいいことばだから．
丸井：このタームは，レポート全体の主張を表すものになる可能性があるね．
大和：そうですか？
新野：レポート全体の調整を考えるときに，もう一度，位置付けをやり直してみましょう．
小野：あとどのくらい検討するんですか．
新野：まだ決定稿にはいたっていないわけだから，もう少し検討しないとね．次回は，今回の大和さんの分も入れて，もう一度全体を再構成してみましょう．
小野：それぞれが書いてきたものを尊重すると，これ以上，変えられないという気がするんだけど，全体をとおして読むと，なんか，ツギハギの感じがするんだよね．思いっきりバッサリとできないかな．
丸井：思いっきりバッサリやってみたらどうだろうね，小野くん．
小野：え，ぼくがですか．
丸井：そうだよ，隗よりはじめよ，ということばを知っているだろう．
小野：わかりました，やってみます．
新野：では，次回は小野さんのバッサリ原稿を検討しましょう．できるだけ早

〈メーリングリストに流してね.よろしく.

> **武蔵のひとりごと**
>
> 自分のいいたいことを発見する瞬間
>
> 　「自分の考えていることを表現できる企業」という発想は,はじめからあったものではない.この研修でいろいろな人から意見をもらい,少しずつ考えながら出てきたものだ.もちろん,はじめからこういう発想があったら,それをすぐに書けばいいわけだが,たぶんメンバーの誰も,このレポートの行く先についてはわからなかっただろう.ああでもない,こうでもないといいながらのやり取りが,こうした結論を導き出したのだと思う.
>
> 　研修のはじめはキーワードも出せなかった僕が,このような結論に気付いたのはなぜだろうか.それは書いては考え,考えたことをメンバーに話し,その話したことを書くという循環のなかに自分を置いたからだと思う.この循環のなかで,ふと気付いたとき,いつのまにか言いたいことを言っていたというのが本当のところだ.ちょうど気付いたら,空を飛んでいて,以前の自分が遥かかなた遠くに見えたというのとよく似ている.こんな感覚を味わったのは生まれてはじめてのことだ.でも,この感覚こそ,自分の言いたいことを発見した瞬間なのだと思う.

研修第12回

全体から部分へ,部分から全体へ

小野:前回の指摘を受けて,バッサリ見直すということで,まず全体の構成を考えました.全面的に修正してきた原稿は,つぎのとおりです.検討お願いします.

レポート

1. 企業における新しいコミュニケーション観の確立へ
(1) 国際化における個人と社会
(2) 企業における「ことばとコミュニケーション」
(3) 能力主義から対話主義へ
(4) 自分の「考えていること」を表現できる企業
2. 私を語ることばとは何か
(1) 自分のことばとアイデンティティ

> (2) 動態としてのアイデンティティ
> (3) 対話がもたらす意味
> (4) ことばとコミュニケーションについて考える意味
> 3. 国際化におけることばとコミュニケーション

小野：結論を入れて5章立てだったのを全体で3章立てにしました．それから，もっとも大きいところは，ずっと「ことばの学習」ということで検討してきましたが，通して読んでみると，結局，「学習」とか「教育」ということが具体的にどこにも説明されていなくて，これでは，主張として弱いということがわかりました．

そして，企業が「学習・教育」を商品として売り出すということをいっているわけでもないことがわかりました．ですから，ここでは思い切って「学習・教育」という用語を使わないことにし，当初の「コミュニケーション」のコンセプトに立ち返って考えたほうがいいじゃないかと思ったわけです．ただ，「ことば」の問題は重要なのでこれは残し，「ことばとコミュニケーション」としてみました．

それから，英語のことは，一種の能力観の問題として論じたほうがわかりやすいし，大切なのは対話への流れだと考えて，「能力主義から対話主義へ」というチャプターをつくり，英語や能力の問題はそこに入れ込みました．あわせて，その行き着くところという意味で，大和君提案の「自分の「考えていること」を表現できる企業」という文章を最後に入れ込んだわけです．

後半のところは，できるだけいままでの文章をそのまま使ってみました．

全体としては，構成を変えただけですけど，だいぶ違った感じになってきました．われわれの言いたいことは，かなり明確になってきたかなという感じです．

レポート

国際化におけることばとコミュニケーション
1. 企業における新しいコミュニケーション観の確立へ
 (1) 国際化における個人と社会

いま，私たちの生活を見渡したとき，私たちは軽々と国境や地域を飛び越えて暮らしていることがわかる．私たちのまわりにはあらゆる国籍，地域の人，物，ことが溢れている．現在のこの状況を「国際化」という視点から眺めたとき，そこには二つの流れがある．

　一つの流れは，世界全体の緊密化という流れである．社会的な側面からみると，人・物・ことの交流が盛んになることによって，ある国，地域での出来事が及ぼす影響は，さらに広範囲に渡り，そのスピードもますます速まってきている．ある国での経済の悪化や，インフルエンザなどの伝染病の発生は，瞬く間に世界中に広まっていく．温暖化を含め，世界規模での問題の共有化，危機管理の国際化という認識なしでは，私たちが抱える問題はもはや解決することはできなくなっている．

　もう一つは，より個別に，深化する流れである．メディアによる情報もさることながら，私たちはインターネットを通して，個々人の情報ネットワークを世界のあらゆる地域で築くことができる．ソーシャルネットワークサービス（SNS）では，情報は個人の興味・関心を主体に収集され，国や組織を通さず，個人と個人の接点を通してもたらされる．こうしたネットワークによって，個人が手にする情報の量，幅は以前に比べて飛躍的に増大し，より個別化している．国際化ということばは，もはや特定の状態，状況を指すものではなく，現在の私たち一人ひとりの日常をある一側面で捉えたことばになっている．

　国際化は二つの流れが相互に影響し合いながら，進行している．個人がネットワークを築くことによって，より個別化していき，それと同時に社会が問題を共有することで，より緊密化していく．ミクロレベルの分裂とマクロレベルの融合である．

(2)　企業における「ことばとコミュニケーション」

　こうした二つの流れのなかを取り結ぶものとして，今「ことば」が存在している．より深く個別化するそれぞれの個々人がより緊密につながるためのコミュニケーションとしての「ことば」が求められている．

　以前，外資系の企業で勤務していたとき，私はこのことを強く感じた．多国籍の社員で構成されているその会社で，私は社員サポートを担当して

いた．社員の勤務上のトラブルをサポートするこの部署に，もっとも多く寄せられたトラブルは，互いの価値観，意見，目的が通じ合わず，共有された問題を解決できないというものだった．第三者が介入し，当事者それぞれの「ことば」を解釈し，訳していくには限界がある．問題を共有した当事者どうしが，それぞれの視点から問題との関わりを描き出すことで，そこにある問題の姿が浮かび上がってくるのである．

　私たちはいま，母語，外国語を問わず，自分自身が仕事に対してどのような考えを持ち，なぜそう考えるのか，より個別化された「私」について，相手に主体的に述べることを迫られている．そして，それぞれの「自分」をことばで表現し合い，そこに共有されるものを通して，私たちは新たな関係を構築していく．

　国際化が常態化した企業における「ことば」とは，共有された問題をともに解決していく「ことば」であると同時に，より個別化された「個」を自分自身が理解していくための「ことば」であり，それを他者に発信し，相互に作用しながら新たな関係を構築していく「ことば」である．このように「ことば」を捉えたとき，そのコミュニケーションへのアプローチを具体的に考えていかなければならない．

　外国からの労働力，外国企業の国内進出，国内企業の海外事業の拡大など，ビジネス面でも，日常的業務にグローバルということばが使われるようになって久しい．このような状況のなかで，いま，企業に求められることばとコミュニケーションの具体的な方法も，以前とは異なった視点が必要になる．市場の拡大，利益の増大，それらをもたらすための道具のひとつとして「ことば」を捉え，安易に英語学習を奨励することが国際化における「ことばのコミュニケーション」ではないだろう．ミクロレベルの分裂とマクロレベルの融合という状況では，「ことば」は効率的に情報を得，意思疎通を行うためだけのものではなくなってきている．こうしたなかで，それぞれの企業が，「ことば」の能力の必要性を認め，各社員にその能力を求めているが，その企業が求める「ことば」の能力とは何であり，その学習の方法とはどんなものなのか，その具体的なものをそれぞれの企業は示していないのが現状である．自己表現能力，コミュニケーション能

力，問題解決能力など，「能力」が掲げられ，その「能力」を養うセミナーなども少なくないが，ここでの「能力」は情報やスキルに置き換えられ，情報やスキルの習得が能力の育成だとされている．

(3) 能力主義から対話主義へ

このような現実は，「外国語」への関心とも関連が深い．また，それが意味するものは，とりわけ「国際社会の共通語」といわれる「英語」を取り巻くものが多い．進学や就職にあたっては英語のスコアが必要であり，学校や企業では英語関連のセミナーが開かれる．

英語に限らずとも，「外国語」においては「能力」が優先視され，測ることが可能であるという認識のもとでスコア化されレベル分けされている．こうした風潮はすでに社会のなかに定着している．ここで私たちが注目し，考えなければならないことは，この「外国語」が「ことば」を「能力」とみなし，身につけるべき「スキル」や獲得の対象として，達成できるものとして捉えられている点にある．

企業においても，同様のことが起きている．TOEICやTOFELの点数によって，あの人は英語ができると判断しがちなのである．しかし，企業のなかで行なわれるコミュニケーションに求められる能力は，文法や語彙が十分であることではない．そもそも場面に応じたコミュニケーションというものには必ずしも正解が存在しない．そして，正解が存在しないコミュニケーションに接したとき，私たちははじめて何のための英語学習であったのかを振り返ることになるのである．

教育学者の三宅なおみが「英語を学ぶという場合，英語で何の話をしたいのか，そこをかなり詳しくはっきりさせておいたほうがいい」と指摘するように，このことは母語を用いたコミュニケーションにおいても同じくあてはまる考えであろう．そのことを念頭において考えると，私たちが感じる母語が違う人との間におけるコミュニケーションの障壁は英語ができないことが問題であるのか，自分が言いたいことがわからないことが問題であるのか，がわかるのではないだろうか．より個別化された「個」を把握するための思考，他者の視点としての「ことば」，それが相互に作用し，ともに問題を解決していく「ことば」は動態としてあり，「私」を主体と

して状況や関係のなかで常に変容している．その「ことば」は情報やスキルを効率的に習得することで育つものではない．

「ことば」を能力視することは「対話」を妨げる要因となる．「対話」は，「自分のことばで自分を語ること」が相互に行われる行為であり，自分を語りあうことに留まらず，相手と自分を理解することでその接点・差異を認識し，共有された新たな認識へたどり着くことである．「個人」をくぐらせた対話は，初めて「コミュニケーション」として成立する．ここで使われる言語が「母語」であるか，「外国語」であるかは関係ないはずであろう．

このように「母語」と「外国語」を捉えると，ことばとしての「外国語」はより鮮明にみえてくる．それは獲得するべきスキルではなく，他者・未知への接触を意味し，新たな関係性を築き，アイデンティティの再編成を促すものである．これは「ことば」を能力と捉えている今日の風潮からもっとも離れたところにあるということができるだろう．

私たちは自分が何者なのかという問いを，他者の存在によって考えるようになる．自分がどういう人だという自覚・認識は，他者によって気付かされるものである．「自分を自分である」と認識することは，母語と外国語の関係からもうかがうことができる．「母語」という認識は，「外国語」があって初めて成立し，個人が自分の「母語」を意識する際には「外国語」という相対化の対象が伴う．私たちが母語を使いながら形成した自己は，外国語に接することでさらに変容しうるのである．

現在求められる，国際化におけることばとコミュニケーションの問題とは，個別化されたそれぞれの「個」を主体に考えなければいけないのではないだろうか．それぞれの「個」が引き出す「個」であり，引き出される「個」としてコミュニティを形成する対話，そしてその対話を形成し，問題を共有するコミュニティ，この辺りに「国際化におけることばとコミュニケーション」の方向性があるように思う．

(4) 自分の「考えていること」を表現できる企業

しかし，企業の現場は，必ずしもそうした状況ではない．それは，会社という組織のなかで，こうした協働的相互コミュニケーション行為として

のことばの活動が積極的な意味を持つことはほとんどないからだ．だからこそ，「会社のことば」だけが幅を利かせ，「私のことば」は阻害されてしまう．そこに，「私のことば」を取り戻し，「私のことば」で表現するという活動の意味があることになる．こうした協働的相互コミュニケーション行為としてのことばの活動の原理を自覚的かつ積極的に企業活動に取り入れること，このことによって，企業は見違えるように活性化するはずである．

　「私のことば」で表現することを促すためには，自分の「考えていること」を把握し，相手に伝え，さらに相手からの意見を受け止める環境をつくることが必要になる．それがすなわち，「私のことば」で表現できる会社という環境づくりになるだろう．

　では，こうした個人共生型企業を実現するにはどうしたらいいのか．それは，企業を自己発信表現型へ転換させることである．

　「私のことば」で表現する自由のためには，個人一人ひとりの「個の表現」というものを保障することと同時に，「会社」というコミュニティのなかで，共同体メンバーとしての他者との関係をつくることで，権力としての集団規範から解放されなければならない．そのためには，人は一人ひとり違っていていいんだ，あなたの思ったとおり，あなたが言いたいように言えばいいんだ，ただし，ここにいる，それぞれの「私」にわかるように説明してほしい，と．なぜなら，あなたは，ただ一人でいるわけではなく，これから創りあげる，この共同体としての空間の，欠くことのできないメンバーの一人として，ここにいるのだから．

　このような企業自体の宣言から，ことばによるコミュニケーションははじまるのだろう．この場合に大事なことは，まず組織のなかの個人が自分のテーマを発見するということであった．しかし，そこで，そのテーマは一体，自分にとって何かを考える，つまり，「私」をくぐる必要があるのである．

　「私」をくぐる，というのは，いわば前提としてのさまざまなテーマを自分の問題として捉えることである．その会社のテーマが，まさに自分にとってどのような意味があるのかということなのである．この自分のこと

ばで語る，自分の問題として捉えるという立場が決まることによって少しずつではあるが組織の中の個人は自分のことを語り出す．それは自分の個人生活のすべてを語るとか，あるいはプライバシーや心情を吐露するとか，そういうことではない．また，対象そのものの価値や実際について微細に記述する必要はない．組織としてのテーマと自分との関係を，「私のことば」で語るということなのである．

　ここでは，企業における企画やコンセプトあるいは商品や販売といった，さまざまな対象が議論の素材となって，インターアクションが繰り広げられる構造になってくる．この個人一人ひとりの表現の保障された場所で，それぞれの「文化」がぶつかり合い，ときには火花を散らして接触し，ときには暖かく慰めあうという，そういう状況に至る．しかし，その一仕事が終わるという段階になると，その他者との信頼関係が取り結べたという，達成感を持つことができる．それが，個人一人ひとりの自己実現というところに収束していく．

　ただ，最後に考えなければならないことがある．それは，「私のことば」で語るということは，決して自己中心的になるということではないことだ．他者との関係における「主体」として語るということだからだ．他者との関係のなかで，常に「私」を問いつづけなければ，ことばは空洞化するだけではなく，制度化した言語に巻き込まれ，ついには「私」を失うだろう．その場合に重要なことは，「会社」というものを抽象的な共同幻想として捉えるのではなく，具体的な他者との関係性と捉えることである．従来のコミュニケーション論は，むしろ抽象的な「会社」を制度として固定化させ，その「会社」と「個人」という対立によって，「私」の自己表現が具体的な他者との関係性にあることに目を閉ざしてきたのではなかろうか．それは「○○社会」「○○人」という集団類型化認識と無縁ではあるまい．

　重要なことは，私たち人間の一人ひとりが顔を持った個人として，私のことばで自分の思想を語ることである．イメージとしての架空の「会社」像に踊らされることなく，どれだけ十全に自己を主張できるかである．しかも，その主張とは，決して独りよがりではない，他者との関係性におい

て関係世界を共有しうるものでなければならないのだ．

2. 私を語ることばとは何か
(1) 自分のことばとアイデンティティ
　何かを伝える手段はことば以外にも存在する．その手段は，スポーツや音楽，その他のさまざまな表現活動を例としてあげることができる．しかし「自分が何であるのか，相手が何であるのか，私たちを取り巻く世界は何か」ということを確かめられるのは「ことば」を介したやり取りにこそあり，この「ことば」は手段・媒介以上の役割を果たしているということができる．
　アイデンティティとは，個人と社会をつなぐ架け橋のようなものである．つまり，「私」とは何者であるかを考えること，そして「私」はどのような立場にあるのか，という問題に関わっている．
　「アイデンティティ」に関してある者はこのように述べている．ここでの「アイデンティティ」は社会的に捉えられており，個人と社会，私と他者という関係性のなかで自分を問い，自分のことばで語ることとしている．
　私たちは，絶え間なく関係性を追うという行為を繰り返しながら日々を営為しており，それは「生きる」ことに値する．したがって「ことば」を「生きる」という文脈から切り離して考えることは意味がない．私たちは「ことば」を「自己」と「生きる」ことの間に位置付ける必要があるのである．
　自己との関わりとその再認識という変容は，国際化という触媒をうけてより加速するだろう．　その間，個人のアイデンティティの再編成・つくり直しは幾度も繰り返される．そのなかで「私を語ることば」は，自分を知り，自分を示しうるものであると同時に，構築された関係性のなかで新しい価値を生み出すことへつながるものであるはずだ．
(参考) 河口和也，1997,「懸命にゲイになること—主体，抵抗，生の様式」『現代思想』青土社．
(2) 動態としてのアイデンティティ

アイデンティティとは何か．簡単に答えられる問いではない．かつて「ことば」で代表されたある地域や民族のアイデンティティは，さらに小さいカテゴリーへと解体され，「ことば」とアイデンティティが結びつくとは限らなくなっている．それどころかすでに現実は，一つの地域社会に，いくつかの異なる文化，ことばが共生する多文化・多言語という概念も超えてしまっている．一人ひとりを単位として，そのなかに複数の文化，複数の言語が存在するという考え方でなければ，文化もことばもアイデンティティとの関係で語れなくなっている．今やアイデンティティは文字どおりそれぞれの「個」として存在している．

　この「個」のアイデンティティは，国や文化，民族に含まれ，支えられる「個」ではない．反対に「個」のアイデンティティを中心に据え，国や文化といったものを眺めることでそこに新たな意味が生まれてくる．「個」を主体として置いたとき，かつて固定的に捉えられていた国や文化の存在は，「個」のアイデンティティを構成する動態的な「経験」の一つとして意味付けられる．同時に「個」も，複数の「経験」をとおして変容する動態である．私たちは，固定文化に意味付けられた「個」ではなく，新たな文化を創造する動態的な「個」として存在しているのである．

(3)　対話がもたらす意味

　国や大文字の文化に帰属しない「個」である私たちのアイデンティティは，何によって新たな文化を創造していくのだろうか．「対話」という行為のなかに，その創造の力が潜んでいる．「ことば」はコミュニケーションの手段としてあるのではない．心，あるいは頭に固定された思考が存在し，それをことばに換えて伝達するという静態的な発想が，このコミュニケーションの手段という考えを生んでいる．

　しかし，私たちは最初から頭脳に在る思考をことばで表現しているのではない．表現すること（ことば）で思考を連続させているのである．自己のなかの他者性も含めて，他者と表現（ことば）＝思考を繰り返すことによって，相互に合意した新たな意味が生まれてくる．それが関係性的意味であり，新たな文化の源である．この新たな意味付けについてフレイレは以下のように述べている．

「コミュニケーションとは，不断の相互作用である．したがって，認識することと伝え合うことを重畳的な働きとしてとらえることなしには，思考を理解することはできない．認識し，伝えあうということは，しかしながら，思考し認識されたことがらを，つまり出来上がった思想を単に相手に普及するということではない．コミュニケートするということは，互いの思想の交流をとおして，対象が何を意味しているかを明らかにしていくことなのである．」
　　　　　　　　　　　　（フレイレ 1967-1968／里見他訳 1982：220）
　また，フレイレは「対話とは，世界を命名するための，世界によって媒介される人間と人間の出会いである」（フレイレ 1970／小沢他訳 1979：97）と言っている．「対話」とは，他者と出会い，「経験」をその他者とともに表現（ことば）＝思考を相互作用することで，「経験」を新たに意味付ける行為である．また，対話行為をとおして，他者との関係に新たな「私」というアイデンティティを位置付けることでもある．動態としてあるアイデンティティは他者との関係性によって，それぞれの「私」として現れる．対話を通した「私」とは他者と「私」が相互に合意し，理解した「私」である．

(4)　ことばとコミュニケーションについて考える意味

　「個」であるアイデンティティは，他者性との「対話」によって，「経験」を意味付け，新たな「個」を創造し，他者と共有する動態的な存在として成り立っている．このそれぞれの個を結びつけ，協働させる動機の一つとして，しばしば社会的問題の共有があげられる．確かにアイデンティティの個別化は，同時に個々のアイデンティティが同じ問題に直面するという共通点で緩やかに結ばれている．一つの国での経済の崩壊，ある地域での伝染病の発生，地球温暖化など，人・物・ことの移動に伴って，ある出来事の影響の範囲が広がり，かつてなかった規模で私たちは問題を共有している．そしてその協働による問題解決に対話的関係性が大きく寄与していくのは事実である．
　しかし，問題の共有という状況が直接私たちを結ぶものではない．私たちを結び付けているのは，「わかった．わかってもらった．」という実感で

ある．同じ温暖化という問題でも，私たちはそれぞれの個をくぐらせて，その問題を見つめている．この「私」と問題との関わりが，異なる視点と出会い，対話（ことば）を通して相互の「個」が理解に至ったとき，「わかった．わかってもらった．」という実感が喜びを伴って立ち現れてくる．この実感が私たちに「個」としての存在意義をもたらすものになる．問題の共有や社会参加のためにではなく，この喜びの実感が協働で関係性的意味構築を行う行為へと私たちを導くものである．「ことば」による相互理解の喜びが私たちの対話関係を支えていると認識することは重要なことである．そこには，よりよく生きようとする生命としての私たちとそのためのことばが重なるからである．

3．国際化におけることばとコミュニケーション

　いま，私たちは岐路に立っている．世界は未知なる強大なものではなくなり，より現実的に私たちの手元に情報として入り込んでくる．それに相反するように，互いを求め合い，関係を「個」として結び付けていこうとする力も強くなった．私という存在が，他者との関わりや共有によってこそ成り立つものであると改めて認識せざるを得ない世界が，いま，目の前に広がりつつある．

　企業の国際化に伴い，ことばはもう一度見直されなければならない．再度いおう．ことばは単にともに問題解決をするための道具ではなく，「個」として自己表現と，他者理解という，いわば相互理解と深く結び付いているものであるからだ．この相互理解に必要なことばとは，何か．企業が求める「ことば」とは何か．おのおのが，これを問い直すべきである．

　では，私たちにとっての「ことば」とは何か．私たちが指し示す，国際化としての「ことば」とは．それは，共通した一貫性のある言語学習ではなく，私が私を表すための「ことば」である．触れ合う人々の規模が拡大されている今だからこそ，私は私を表すことが必要なのだ．「個」と「個」の対話は情報交換のみならず，より「個」を表す「ことば」が求められる．その「ことば」は，一見それぞれが持ち得て使いこなしているかのように思えるが，現在の日常のコミュニケーションに使用される「ことば」

に日々問いかける人は少ないだろう．だからこそ，私たちが自身を語る「ことば」を表せるようになるには，教育が必要である．それはすなわち，「場」をつくることである．さまざまな関係性に立ち会う「場」つくりが必要なのだ．自身を語ることばの学習に，有効な知識を与えられる教師などいるだろうか．答えは明瞭であろう．私は私によってしか，表すことができないのである．

　私たちの「個」を表すことばは，他者との対話によって表れ，揺れ動き，変容し，また新たな私となって返ってくる．この「個」を語る私としてのことばは，他者の視点から向き合うならば，それは相互の自己表現となるだろうし，相手へ問いかける行為は，他者理解といえるだろう．これら一連の行為は，互いが語り合うことを繰り返すなかで，自然に生まれ出ずるものである．つまり，私たちは相互の作用によって，ことばを学んでいくのである．必要なことは語り合う他者が在ること，それだけだ．私を語ることで，私も私の「個」を知る．そう考えれば，他者との関わりなくして私たちは存在することも，難しいのである．

　企業において，国際化ということばが意味するものは，単なる情報の共有やフィールドの広さを示すものでは不十分であろう．世界をフィールドとした「個」としての相互理解への前向きな姿勢が求められる．つまり，「個」を表すと同時に，「個」を世界に求めていく姿勢である．「個」が「個」を求める——関係構築には「対話」が不可欠であることからも，ことばは一層重い意味を持つ．つまり，企業としてのことばへの理念や教育への姿勢を持つことこそ，国際化に近づく一歩であるといえるだろう．

　ことばの教育とは何かを明確に提示することは不可能である．残念ながら答えはどこにも落ちてはいない．けれど私たちの考えを記すならば，それはニッチ——おのおのの居場所やコミュニティの提供である．この「場」は絡み合った関係のなかで，あらゆる可能性を持つといえるだろう．

　企業はもはや，目先の利益だけを追いかけていては成り立たない．このような「場」を提供することは，一種の環境づくりといい換えることもできるだろう．一見，参加者主体の個人どうしの関係構築の場のようではあるが，それはゆっくりと社会を循環し，最終的には私たちの元へと還って

> くるのである．私たちが率先して環境を，社会をつくっていく意識を持つことは未来を見据えた行動として意味を持つ．
>
> 　企業が国際化を目指すのならば，それぞれの「国際化」についての捉え方を定めなければならない．マクロレベルの視点だけでなく，それを構成する私たち一人ひとりの「個」をみる視点もあって然るべきであろう．そして私たち「個」が他者と理解しあうとき，語ることばがある．このことを，私たちは自身と世界に再度問いかける時期にきている．それぞれが，問いの答えを出すことができたとき，そしてことばの意味と価値を理解したときにこそ，国際化の扉は大きく開かれるのだ．

今田：たしかに全体として主張が明確になってきたという感じはわかります．でも，なんだかやっぱり，いろんなことがたくさん盛り込まれているという気がします．とくにアイデンティティは，ややうるさい感じ．たしかに重要な問題だけれど，会社のなかでアイデンティティがどうのこうのといわれても，あんまりピンとこないのではないか．

小野：ゲイの引用は面白いけど，ちょっと特殊な気がするなあ．ただ，「アイデンティティは，個人と社会を結ぶ架け橋」という比喩は抜群だと思うけど．

今田：引用をなくして，そのことばをそのまま使ったらどう？

大和：そういうのを剽窃というのでは？

小野：これは一本取られたね．

清村：「個」「自分」「私のことば」「私を語ることば」「自分のことば」などの表現がいくつか混在していて，わかりにくい．どれかに統一したほうがすっきりするのでは．

今田：やたらに「」が多い．いろいろ強調したい気持ちはわかるが，一般の人が読むことを考えると，「」はできるだけ少ないほうがいいのではないか．

小野：「能力主義から対話主義へ」というのは，いいコンセプトだと思う．これをもっと前面に出したらどうか？

今田：「自分の考えていること」が「対話」につながるような構成がほしい．それぞれが好き勝手にいえばいい会社というわけではないだろうから．

小野：全体としてサブタイトルがほしいよね．「個人共生型企業」がキーワード

になるのでは？　ついでに，このレポート全体の趣旨をきちんと書いておくことが必要かな．でも，誰が書くのかは知らないけれど．
丸井：今回のレポートでは，形としては，（個々が書いたものを）集めるような形であるが，全体の国際化，ことばと学習，大きなコンセプトのなかで自分は何に関心があるか，と書いていき，最終的に家の形ができる，そのようにイメージしている．あとは全体，外から見えるところをどうするか．
小野：それが大和君の担当したところですね．
丸井：屋根に登って旗を振るような感じ．
大和：落ちないように気をつけないと．
丸井：これも同じで，最初の「1. はじめに」が問いになっている．だから，この問いに答えるという形で最後の章ができるといい．そうすると，自ずと真んなか，中身はそれを補強するいろいろな人の意見．前のときに検討した文章でいえば，「2. なぜ英語なのか」とか「3. 私を語ることば」「4. ことばを学ぶ意味—アイデンティティと関係性」，これがそれぞれの立場からの補強，支えのようなものになっていた．それを今回，小野君は，「はじめ」と「おわり」は，そのままで，中身を入れ替えた．つまり，補強部分の構成を明確にしたことで，主張がはっきりしてきた．これは，全体から部分，部分から全体をみるということでわかってくるわけだ．
小野：この話は初めて聞いたんですが，この枠組みを最初に伝えておいたら仕事への影響も違うんじゃないかと思いますけど，どうでしょうか．
丸井：最初にいってもたぶんわからないのではないかな．また，枠組みが示されたように思い込んでしまい，自由な発想が出にくくなるおそれがある．伝えようと思っても，伝え切れるかどうかの問題がある．枠組みに意識がいくことで書くことに制限がかかるおそれもある．流動的な構造はあっても，体系化されたシステムとはならない．逆に体系化されたシステムを教えれば，いい仕事ができると思い込んでいる愚か者が多いからね．
新野：じゃ，最終回の次回は，屋根にのぼって旗を振る役をだれかにお願いしましょうか．
小野・今田：それはやっぱり大和君でしょう．
大和：なんか仕組まれたみたいですね．

新野：では，最後は，まとめ同様，大和君にお願いしましょう．

> **武蔵のひとりごと**
> 説明すればわかるか
>
> 　最初に説明をすればもっとよくわかるんじゃないか，という小野さんの説明に対して，枠組みが示されたように思い込んでしまって自由な発想が出にくくなるという丸井部長の答えは，なるほどと思った．
> 　体系化されたシステムを取り出して教えれば，いいレポートが書けるかというと決してそうではない．むしろ全体から部分へ，部分から全体へ，というように，いったりきたりすることで，いろいろなことがはっきりしてくる．これは自分の体験しかないのだろう．ことばの問題だから，説明が重要と思ってきたけど，最終的には，説明だけでは十分ではないし，逆に説明に頼りすぎると，全体がみえなくなるという恐れもある．このことは重要だと思う．
> 　でも，このことは，今だからわかるのであって，丸井部長の言うように，もしこのことについて最初に説明を聞いても，きっと僕は何のことかわからなかったと思う．

研修第13回
最終的な調整

大和：全体的な調整ということで，いろんなことがたくさん盛り込まれている点をかなり絞りました．そのとき，「レポートの趣旨」をここで改めて書くということは大変役立ちました．

　まず，「個人共生型企業の実現へ」というサブタイトルをつけ，「能力主義から対話主義へ」という考え方を前面に出しました．その際，「自分の考えていること」が「対話」につながるような構成を考え，各章の終わりがそのようになるように調整してみました．また，アイデンティティというタームは，やや重いという意見もあったので，関連のところを思い切って減らしました．

　少し細かいところでは，個人的に気になっていた「個」「自分」「私」などの用語を統一し，すっきりさせました．あわせて，「」も減らし，一般の人にも読みやすい配慮をしました．どうぞ検討，よろしくお願いします．

レポート

【レポートの趣旨】
　このレポートは，国際化における企業でのコミュニケーションの問題を，「個人共生型企業の実現へ向けて」というテーマのもと，発信するものである．
　まず国際化時代を迎え，企業における新しいコミュニケーション観の確立が求められていることを述べ，そこでの個人と社会の関係を，企業におけることばとコミュニケーションという観点から論じる．そして，そのような観点から，私たちが目指すべきものが，自分の「考えていること」を表現できる企業であることを提案する．
　このような提案は，従来の能力主義から対話主義という考え方への転換を意味しており，能力主義の問題点と限界を知ることで，新しい企業イメージを創っていく必要のあることを指摘する．その際，重要なのは，企業に所属する一人ひとりの個人が，会社という社会のなかで，自分のテーマを発見することである．つまり，会社のなかでの自分の居場所を確保し，そのことによって，会社にとっても個人にとっても掛け替えのない個人であることを互いに認めようとすることである．このような環境を形成するためには，必ず対話という行為が必要になることを示したい．
　国際化社会における企業コミュニケーションの重要性を自覚し，私たちは，対話がもたらす個人共生型企業の実現を企業としての中核的な理念としたい．このレポートは，こうした理念の発信を目指して作成されるものである．

国際化におけることばとコミュニケーション
　——個人共生型企業の実現へ向けて

1. 企業における新しいコミュニケーション観の確立へ
　（1）国際化における個人と社会
　（2）企業におけることばとコミュニケーション

(3) 自分の「考えていること」を表現できる企業
2. 能力主義から対話主義へ
　　(1) 能力主義の問題点と限界
　　(2) 企業で自分のテーマを発見する
　　(3) 対話がもたらす意味
3. 個人共生型企業の実現へ向けて

1. 企業における新しいコミュニケーション観の確立へ
　(1) 国際化における個人と社会
　いま，私たちの生活とその周囲を見渡したとき，私たちは軽々と国境や地域を飛び越えて暮らしていることがわかる．私たちのまわりにはあらゆる国籍，地域の人，物，ことが溢れている．現在のこの状況を「国際化」という視点から眺めたとき，そこには2つの流れがある．
　一つの流れは，「移動」とインターネットによる世界全体の緊密化という流れである．社会的な側面からみると，人・物・ことの交流が盛んになることによって，ある国，ある地域での出来事が及ぼす影響は，さらに広範囲に渡り，そのスピードもますます速まってきている．ある国での経済の悪化や，インフルエンザなどの伝染病の発生は，瞬く間に世界中に広まっていく．温暖化を含め，世界規模での問題の共有化，危機管理の国際化という認識なしでは，私たちが抱える問題はもはや解決することはできなくなっている．
　もう一つは，より個別に，深化する流れである．メディアによる情報もさることながら，私たちはインターネットを通して，個々人の情報ネットワークを世界のあらゆる地域で築くことができる．ソーシャルネットワークサービス（SNS）では，情報は個人の興味・関心を主体に収集され，国や組織を通さず，個人と個人の接点を通してもたらされる．こうしたネットワークによって，個人が手にする情報の量，幅は以前に比べて飛躍的に増大し，より個別化している．国際化ということばは，もはや特定の状態，状況を指すものではなく，現在の私たち一人ひとりの日常をある一側面で捉えたことばになっている．

(2) 企業におけることばとコミュニケーション

　こうした2つの流れのなかを取り結ぶものとして，いま，ことばが存在している．より深く個別化するそれぞれの個々人がより緊密につながることがコミュニケーションであり，そのためのことばが求められている．

　以前，外資系の企業で勤務していたとき，私はこのことを強く感じた．多国籍の社員で構成されているその会社で，私は社員サポートを担当していた．社員の勤務上のトラブルをサポートするこの部署に，もっとも多く寄せられたトラブルは，互いの価値観，意見，目的が通じ合わず，共有された問題を解決できないというものだった．第三者が介入し，当事者それぞれの「ことば」を解釈し，訳していくには限界がある．問題を共有した当事者どうしが，それぞれの視点から問題との関わりを描き出すことで，そこにある問題の姿が浮かび上がってくるのである．

　私たちはいま，母語，外国語を問わず，自分自身が仕事に対してどのような考えを持ち，なぜそう考えるのか，より個別化された自分について，相手に主体的に述べることを迫られている．そして，それぞれが自分のことばで表現し合い，そこに共有されるものを通して，私たちは新たな関係を構築していく．

　このようにことばを捉えたとき，そのコミュニケーションへのアプローチを具体的に考えていかなければならない．外国からの労働力，外国企業の国内進出，国内企業の海外事業の拡大など，ビジネス面でも，日常的業務にグローバルということばが使われるようになった．このような状況のなかで，いま，企業に求められるコミュニケーションの具体的な方法も，以前とは異なった視点が必要になる．

(3) 自分の「考えていること」を表現できる企業

　前述の外資系の企業でのトラブルの問題をもう少し考えてみよう．

　このような状況は，もはや外資系の企業に限られたことではないだろう．企業の現場において，いかに個人と個人が結びつくかという問題について，日本の企業は，これまでほとんど問題にしてこなかった．それは，会社という組織が，こうした協働的相互コミュニケーション行為としてのことばの活動に積極的な意味を見出せなかったからだ．会社のことばだけ

が幅を利かせ，個人のことばは阻害されてしまっていた．だからこそ，ここに，自分のことばを取り戻し，自分のことばで表現するという活動の意味があることになる．こうした協働的相互コミュニケーション行為としてのことばの活動の原理を自覚的かつ積極的に企業活動に取り入れること，このことによって，企業は見違えるように活性化するはずである．それがすなわち，社員一人ひとりが自分の考えていることを自分のことばで表現できる会社，つまり個人共生型企業という環境づくりになるだろう．

2. 能力主義から対話主義へ
(1) 能力主義の問題点と限界

これまでの企業におけることばとコミュニケーションの問題点とは何だろうか．

それは，市場の拡大，利益の増大，それらをもたらすための国際化の道具の一つとして，ことばとコミュニケーションを捉えてきたことではなかろうか．

たとえば，多くの企業が，コミュニケーションの能力の必要性を認め，各社員にその能力を求めているが，その企業が求めるコミュニケーションの能力とは何であり，その学習の方法とはどんなものなのか，その具体的なものをそれぞれの企業は示していない．

自己表現能力，コミュニケーション能力，問題解決能力など，さまざまな能力が掲げられ，それらの能力を養うセミナーなども少なくないが，ここでの能力は，外国語の習得や情報収集あるいはいろいろなスキル・アップに置き換えられている．

しかし，国際化時代の企業に求められる能力は，外国語としての英語力が十分であることで解決されるものではないし，しかも場面に応じたコミュニケーションというものには必ずしも正解が存在しない．そして，正解が存在しないコミュニケーションに接したとき，私たちははじめてことばによる活動とは何かということを振り返ることになるのである．

ことばの活動は，常に自分を取り囲む情報というものがあって，それを認識し，そして同時に判断し，それから他者へ向けて伝えていくというプ

ロセスだと考えられる．ただ，自分がその対象としての情報をどのように
みたのか，どう判断したのか，という自らの認識を他者に伝えることはそ
うたやすいことではない．他者とは，自分にとって常に，何を考えている
か予測不能な存在であるからだ．他者と自分のなかで，何が共通し，何が
異なるかは手探りで探すしかない．しかも，そのような手探りの感触でさ
え，こちらの思い違いかもしれない．したがって，他者が予測不能な存在
であることを前提として，他者とのズレや違いを相互に考えなければなら
なくなる．この相互の関係プロセスこそがコミュニケーション行為として
のことばの活動ということになるのだろう．

　このように考えると，企業内での個人の能力向上を目的とした能力主義
には大きな限界のあることがわかる．

　では，能力主義に代わる，新しい考え方とは何か．ことばによるコミュ
ニケーションが情報やスキルを効率的に習得することで育つものではない
とすると，企業内でのコミュニケーションは，どのようにして活性化させ
ることができるのか．

　(2) 企業で自分のテーマを発見する

　このような企業内コミュニケーションにおいて重要なことは，まず組織
のなかの個人がそれぞれに自分のテーマを発見するということではなかろ
うか．

　ここでは，企業における企画やコンセプトあるいは商品や販売といっ
た，さまざまな対象が議論の素材となって，種々のインターアクションが
繰り広げられるだろう．個人がそれぞれに自分のテーマを持つことによっ
て，企業の現場では生きたコミュニケーションが展開することになる．な
ぜなら，会社のテーマはすなわち個人のテーマでもあり，それらは相互に
結び付きながら，組織メンバー一人ひとりが自分の問題として会社と個人
の関係を考えることになるからである．このとき個人一人ひとりがテーマ
を持ってこそ，はじめて対等な議論が成立するのだから．

　企業内の個人が自分のことばで語るということは，企業というものを抽
象的な共同幻想として捉えるのではなく，具体的な他者との関係性として
捉えることである．従来のコミュニケーション論は，むしろ抽象的な企業

を制度として固定化させ，その企業と個人という対立によって，個人の自己表現が具体的な他者との関係性にあることに目を閉ざしてきたのではなかろうか．それは「○○会社の××」という集団類型化認識と無縁ではあるまい．

　重要なことは，私たち人間の一人ひとりが顔を持った個人として，自分のことばで思想を語ることである．イメージとしての架空の企業像に踊らされることなく，どれだけ十全に自己を主張できるかである．しかも，その主張とは，決して独りよがりではない，他者との関係性において世界を共有しうるものでなければならないのだ．

　このような考え方を実現するためには，まず企業自体が社員一人ひとりの表現する自由を保障する必要があるだろう．ここでは，人は一人ひとり違っていていい，自分の思ったとおり，言いたいように言えばいい．ただし，ここにいる，それぞれの個人にわかるように説明してほしい．なぜなら，個人は，ただ一人でいるわけではなく，これから創りあげる，この共同体としての空間の，欠くことのできないメンバーの一人として，ここにいるのだから．

　このようなコンセプトが企業内で求められることになる．この企業自体の宣言から，国際化におけることばのコミュニケーション，すなわち企業内および企業間の対話が始まるのだろう．ここに，社員一人ひとりが自分の考えていることを自分のことばで表現できる会社，つまり個人共生型企業の姿があるのではないか．

　(3) 対話がもたらす意味

　「対話とは，世界を命名するための，世界によって媒介される人間と人間の出会いである．」これは，南米の労働者運動にかかわって識字活動を提唱したパウロ・フレイレのことばである（フレイレ，1970／小沢他訳，1979, p.97）．この場合の対話とは，まさに他者と出会い，自らの経験をその他者とともにことばをとおして新たに意味付ける行為であろう．

　この新たな意味付けについてフレイレはさらに以下のように述べている．

　　「コミュニケーションとは，不断の相互作用である．したがって，

認識することと伝え合うことを重畳的なはたらきとして捉え得ることなしには，思考を理解することはできない．認識し，伝えあうということは，しかしながら，思考し認識されたことがらを，つまり出来上がった思想を単に相手に普及するということではない．コミュニケートするということは，互いの思想の交流をとおして，対象が何を意味しているかを明らかにしていくことなのである．」

(フレイレ，1967-1968／里見他訳，1982，p.220)

このように考えると，ことばがコミュニケーションの手段としてあるのではないことに気付く．まず固定した思考が存在し，それをことばに換えて伝達するという静態的な発想が，この「ことば＝コミュニケーションの手段」という考えを生んでいる．私たちは最初から頭脳に在る思考をことばで表現しているのではない．他者とことばのやり取りを繰り返すことによって，相互に新たな意味を生み，そのことによってまた新たな文化を創造しているのだ．

このように，対話とは，自分のことばで語ることが相互に行われる行為であり，相手と自分を理解することでその接点・差異を認識し，共有された新たな認識へたどり着くことである．個人のことばによる対話は，初めてコミュニケーションとして成立する．ここで使われる言語が母語であるか，外国語であるかは関係ないはずであろう．

一つの国での経済の崩壊，ある地域での伝染病の発生，地球温暖化など，人・物・ことの移動に伴って，ある出来事の影響の範囲が広がり，かつてなかった規模で私たちは問題を共有している．そしてその協働による問題解決に対話的関係性が大きく寄与していくのは事実である．しかし，問題の共有という状況が直接私たちを結ぶものではない．私たちを結び付けているのは，「わかった．わかってもらった．」という実感である．たとえば，同じ温暖化という問題でも，私たちはそれぞれの「個」をくぐらせて，その問題をみつめている．この自分と問題との関わりが，異なる視点と出会い，対話を通した相互理解に至ったとき，この実感が喜びを伴って立ち現れてくる．この実感が私たちに個人としての存在意義をもたらすものになる．個人としての，この喜びの実感が互いの関係の構築へと私たち

を導き，そのことが問題の共有や社会参加につながるのである．

　ことばによる相互理解の喜びが私たちの対話関係を支えているという認識は，組織のなかでよりよく生きようとする生命としての私たちの姿だからである．

3. 個人共生型企業の実現へ向けて

　いま，私たちは岐路に立っている．世界は未知なる強大なものではなくなり，より現実的に私たちの手元に情報として入り込んでくる．それに相反するように，個人が互いを求めあい，結び付いていこうとする願望も強くなった．自分という存在が，他者との関わりや共有によってこそ成り立つものであると改めて認識せざるを得ない世界が，いま，目の前に広がりつつある．

　企業の国際化に伴い，私たちのことばとコミュニケーションのあり方はもう一度見直されなければならない局面に至っている．この場合，ことばは単にともに問題解決をするための道具ではなく，個人として自己表現と，他者理解という，いわば相互理解と深く結び付いているものであるからだ．

　では，この相互理解に必要なことばとは何か．それは，画一的なスキルによって統制されたことばのコミュニケーションではなく，個人が自分自身を表すためのことばのコミュニケーションである．触れ合う人々の規模が拡大されている今こそ，個人間の対話は情報交換のみならず，自分のことばが求められる．そのことばは，一見それぞれが自在に使いこなしているかのようにみえるかもしれないが，現実の日常コミュニケーションの意味を日々問いかける人は少ないだろう．だからこそ，私たちが自分のことばを持てるようになるには，そのような環境が必要なのである．それはすなわち，組織のなかでのさまざまな関係性に立ち会う環境としての場づくりなのだ．

　自分のことばは，他者との対話によって表れ，揺れ動き，変容し，また新たな私となって返ってくる．それは相互の自己表現であり，同時に他者理解といえるだろう．これら一連の行為は，互いが語り合うことを繰り返

すなかで，自然に生まれ出ずるものである．つまり，私たちは相互の作用によってことばを学んでいくのである．必要なことは，組織という共同体において語り合う他者が在ること，それだけだ．

　ことばとコミュニケーションとは何かを明確に提示することは不可能である．残念ながら答えはどこにもない．けれども，組織にできること，それは，そこに所属するさまざまな個人にとってのコミュニティとしての環境の提供である．この環境としての場は，一見，参加者主体の個人同士の関係構築の場のようにもみえるかもしれないが，実は，絡み合った関係のなかで，あらゆる可能性を持つといえるだろう．それはゆっくりと社会を循環し，最終的には私たちの元へと還ってくるからである．私たちが率先して個人のことばで語ることのできる場をつくっていく意識を持つことは未来を見据えた行動として意味を持つにちがいない．

　企業が国際化を目指すのならば，それぞれの国際化についての捉え方を定めなければならない．マクロレベルの視点だけでなく，それを構成する個人一人ひとりをみる視点が必要だろう．そして私たち一人ひとりが他者と理解しあうとき，語ることばがある．このことを，企業自身が広く社会に問いかける時期にきている．これが個人共生型企業の姿であるともいえよう．その実現へ向けて，私たちそれぞれが，この問いの答えを出すことができたとき，そしてことばの意味と価値を理解したときにこそ，国際化の扉は大きく開かれるのだ．

小野：本当にすっきりしたね．大和君が一人で書いたようなレポートになった．
大和：皆さんの意見を取り入れて調整しただけですよ．でも，こんな風にいつの間にかレポートが出来上がるなんて，なんか嘘みたいですね．
丸井：そうか，レポート作成の全体のコンセプトとしての狙いみたいなことをいっておいたほうがよかったかな．レポートというのは，部分を積み上げていっても絶対にできない．つまり，文章を書くという行為でもいいが，レンガを積み上げるようにして建物ができるのは嘘だ．いままで文章の書き方といえば，そのように説明してきた．部分を直せば全体がよくなるというように．でも，それは嘘だ．わたしたちは，書きたい思いやテーマが漠然とある．その漠然と

したものはいつも全体である．だから，全体をどうやって書こうかということをいつも考えている．もちろん，一つひとつ書いていかなければいけないのだが，常に全体で何がいいたいのかということを思い描きながら，それを中心に据えながら書いていくことが必要だ，というのがコンセプトである．でも，全体がなかなかすぐみえるわけではないから，そこで悩む．テーマがみつからないとか，どう書いたらいいかわからないとか．だから，それを思いついたところから少しずつ書いていこう．いつでも全体に戻れるようにしておいて，何か問題があったら全体へ戻ると考えていくことが必要である．だから，今回もあえていろいろな人がいろいろな角度からこの問題について少しずつ書いてみようということをやってみた．結構，書けるものだ．

小野：それはいまはじめて聞きました．

丸井：だいたいは皆さん，仕組まれて動いてるわけですよ．

小野：そうですね．聞いて，ああそうなんだと．だから，（それぞれの人が）パーツを担当する形式でもよかったということ．反対にいうと，それぞれのパーツをただ組み合わせてもだめだということかな．

丸井：たとえば，国際化とことばというテーマは与えられたテーマであるから，これと全然関係ないことを書くわけにはいかない．国際化，ことば，学習ということに全然興味がなかったら，もちろんこの問題に入ることもできない．でも，こういう時代だから，われわれは国際化ということに関しては何らかの関わりを持っている．ことばは関心がないというわけにはいかない．学習についても，経験的に学習とは無縁ではない．そうすると，この問題はだれでも何らかの関わりのあるテーマである．これで書いてみよう，何か考えてみようとしたとき，それぞれの人が何らかのイメージがある．それをまず出してみようと．勝手にいいたいことを出して，最初に目次のようなものをつくった．それで，ここならわたしが，ここなら，と，それぞれ分担して書いてみた．もちろんそれは少しずつ揉みながら，できてきた．非常に活躍した人と，割合じっとしてた人がいたけど，それは共同作業だから問題ない．決して動けばいいという話でもない．考えるという工程が必要だと私は思う．

新野：部長は時々の参加でしたしね．

丸井：やあ，申しわけない．レポートを書くという作業は，たとえば，みんな

で家を建てる作業と似ている．専門的には，だいたい左官屋と大工は仲が悪い．それはプロがやる仕事だからだ．大工が鋸で切ると粉が飛ぶ．左官屋は粉が飛ぶと塗れない．だから，工程は別にする．でも，1人で物をつくる実際の作業は，削ったり切ったりしながら，塗るということも必要になってくる．つまり，いろいろな要素が渾然一体となって，物をつくるという行為は行われるわけだ．文章を書くという行為も同じで，部分を積み上げ，部分の悪いところを直していくと良くなるという発想が職業的（分業・専業的）な意識である．そうではなく，みんなが持っているイメージを大事にしながら，すり合わせて大きな文章をつくるという活動をやってみた．

新野：部長の日曜大工論ですね．

丸井：今回は，大きなコンセプトは変えずに，各自が書き，それをつなぎ合わせてみながら，また全体に帰って，大きな観点から考えてみるということを連続的に繰り返してみた．よくいろんな人が，文章を解体して分析的に進めていくと，いい文章ができると書いているが，それは嘘だ．分析すればするほど書けなくなる．しかし，分析するということが必要ないわけでなく，統合・総合するというか，常に全体としてみていくことが大事だ．つまり分析と統合が循環していかないといけない．それはふだん無自覚に自分のなかで行われているが，なかなか意識化できないので今回それを意識化してみようとやってみたわけだ．

小野：それは，実際の仕事と関係があるような気もしますが．

丸井：そのとおり．実際の仕事でも，問題設定があって，当面の解決のための結論がある．設定と結論は一体化構造で動機はすなわち結論．結論はすなわち動機．それはしかも固定化していてはいけない．動いてなければいけない．でも，それを外の人にみせるためには，なかのデータが必要．そのような構造とも深い関係がある．ただ，このレポートはデータを示して証拠を出すというレポートではなく，むしろ考えていることを発信して他の人に響いてもらうといった文章だから，今回のレポートではデータを要求していない．アカデミックな文章だったら，もう少し違ってくるだろうが，ここでは，全体のコンセプトをどのようにまとめ，自分たちの主張を公にしていくか，というところが重要なのだろう．

武蔵のひとりごと

この研修の目的とは

　最後の丸井部長の説明は興味深かった.
　とくに今回のレポート作成が, 日常の仕事とも関係が深いということに初めて気付かされた. そうすると, もしかするとこの研修は, レポートを書くという目的のためなのではなく, 仕事とはこういうものだということを実際に体験させるものだったのかもしれない.
　たしかにレポートだけを書こうと思っても, たぶんどのように書いたらいいか, どのようにはじめたらいいかもわからなかっただろう. とにかくはじめのころ, 僕は何もわからなかった. それが少しずつ, ちょうど目の前の霧が晴れるように, いろいろなものの姿がぼんやりとみえ出したのは, なぜだろうか. もしかすると, それは仕事でも同じことなのかもしれない. この研修のおかげで, 仕事とはどういうものなのかということもぼんやりとイメージがつかめたような気がする. 文章をまとめていくのはとてもつらかったけれど, いろいろな意見をもらうことで形になったように思う. 最後の仕上げに参加できて, 本当にうれしかった.

第Ⅱ部
執筆編

第1章
「構成」を考える

1.「いいレポート」の条件

　はじめに述べたように，この本では，「いいレポート」のポイントを以下のように考えている．
- オリジナリティのある主張
- 主張を裏付ける根拠
- わかりやすい構成

(1) オリジナリティのある主張

　第1に，どんなレポートにも，必ず固有の主張が必要である．主張というのは，自分自身の意見であり考えのことでもある．しかし，その主張が意味のあるものになるためには，オリジナリティ（固有性）を持っていることが不可欠だ．

　この場合のオリジナリティというのは，筆者ならではの意見，つまりその人でなければ書けないものかどうかということである．オリジナリティが自分固有のものという点で，自分だけのことを書けばいいのかという質問を受けることがあるが，それは問題の誤解である．オリジナリティというのは，自分のことを書くのではなく，自分が選んだテーマと自分との関係を書くことであり，

そのためには，テーマを自分の問題として引き付けて書くということが求められる．したがって，この主張は，問題提起からはじまって，最後の結論に至ることで，レポート全体として，明確に位置付けられなければならないものである．

(2) 主張を裏付ける根拠

第2に，その主張には根拠が必要である．主張を裏付ける証拠といってもいいだろう．その根拠を提示することで，読者をなるほどと納得させるものでなければならない．

根拠には，理論的根拠と実証的根拠の2種類がある．

理論的根拠は，主に理論的裏付けとなる先行研究の検討である．自分の主張しようとする意見に対して，今までの研究がどのように扱っているか，そうした先行研究に対して自分がどのような立場をとるのかといったことが，自説を展開するための根拠となる．

もう一つの実証的根拠は，具体的なデータや記録その他の調査結果などを使う場合である．自分の調べた第1次資料をもとにすることもあるし，他の人の調査結果などを第2次資料として利用する場合もある．

この根拠を示すことは，レポートの目的が，ただ自分の主張を述べるだけではなく，その主張が相手を説得するためにあるということを表すものだろう．

この本でのレポートでは，企業の考え方に基づく展開として書かれているため，主張を裏付ける根拠といっても，この根拠の場合，具体的な数字や理論ということではなく，問題提起を裏付けるための立場が複数の人の立場から書かれている．

(3) わかりやすい構成

第3は，レポート全体をどのようにわかりやすく示すかである．どれだけオリジナリティのあるすばらしい主張であっても，相手に伝わらなければ意味がない．このわかりやすい構成のためには，レポートは，必ずつぎのような組み立てになっている．

- 問題提起（問い）
- 本論（証拠の内容）

- 結論（答え）

　この3部構成は，問いと答えの関係になっていて，これを崩すと，結局何をいっているのかわからない文章になってしまう．レポートで重要なことは，オリジナリティのある主張を，明確な根拠とわかりやすい構成によって，相手に示すということであるので，この構成自体が，相手との対話を形成する形式になっていることが求められる．これが，問いと答えの構成である．この問いと答えの関係は，相手に対してだけではなく，自分自身にも向けられるものなので，自分の立てた問いに，自分で答えるという形にもなるわけである．この対話の問答が，つまり，さまざまな問題を立て，それを解決していく問題発見解決学習の形態そのものにもなっているわけである．

(4) 全体から部分へ，部分から全体へ

　以上の3要素によってレポートは構成されるが，しかし，はじめから，このようなレポートが出来上がるわけではない．これはいわば，出来上がったレポートを後から分析したものにすぎない．重要なことは，以上の3つの要素をしっかり見据えて，全体から部分へ，部分から全体へと何度もレポートを練り上げることである．

　この検討のプロセスの繰り返しから，少しずつレポートは姿を現す．その様子を第Ⅰ部の大和武蔵のひとりごとに付き合いながら考えてみるとよくわかる．私たちはどうしてもレポートを結果としてみてしまう．しかし，一つひとつのレポートが出来上がるには，出来上がった結果からはみえない，さまざまなドラマ（物語）があり，この物語を経なければ，レポートは完成しない．その意味で，レポートを書くことは，自分の物語を書くことなのである．

　なお，レポートは全体の量によって，盛り込める情報もそれぞれ異なってくる．それは，レポートの種類とも関係が深い．したがって，レポートを書きはじめるときは，まず全体の量を把握することが必要であろう．たとえば，大学の学部の授業レポートだったら1～2ページ（1200～2000字）程度，大学院なら10ページ（10000～12000字）くらい，修士論文は100ページ，博士論文は200ページ，報告書なら7～10ページ，学術誌の活字論文は10～15ページのように，さまざまである．

ここでは，すべてのレポートの種類について述べることはできないため，およそ10ページ（10000～12000字）くらいで自分の考えをまとめようとしている人を想定している．この分量に沿って話をすすめよう．

2.「体験編」の構成の実際

(1) 13回の体験を振り返る

それでは，ここまで述べてきたレポートの構成の原則が，実際の「体験編」での活動とどのようにリンクしているかを具体的にみてみよう．

まず「体験編」の13回を大まかに振り返ってみる．

第1回　オリエンテーションとメンバー紹介

ここでは，はじめのオリエンテーションとして研修レポートの趣旨説明が行われ，武蔵の目からみたメンバー紹介が記述され，それぞれのテーマに対するキーワードが提示されている．

第2回　キーワードからブレーンストーミングへ

ここでは，研修レポートの趣旨説明とブレーンストーミングが行われている．今回のレポートは，会社のほうから大きなテーマ「国際化とコミュニケーション」というタイトルが与えられているので，メンバーはこれに沿って書くことになった．この点で，今回のレポートは，はじめからある一つの枠が定められているといっていい．ただ，問題は，テーマを与えられたからといって，何か模範的なものを目指して書くというよりも，それぞれがこのテーマをどのように自分に引き付けて書くかが問われている．この自分への引き付け方によって，テーマのとらえ方も変わってくるといっていい．そこで，全員でのブレーンストーミングが重要な働きをする．

全員がそれぞれのキーワードを出すことによって，それぞれがテーマについて持っているイメージが明らかになり，そこから，何をどのように書いていくかという方向性が決まるからである．

第3回　問題設定文の作成

ここでは，小野が前回の会社からの説明を受けて，このレポートをつくるための，全体的な問題設定の文章を書いてきた．これについてとくに内容にかか

わる深い議論ははじまっていないが，このようなきっかけの文章をまずつくることが重要である．このことによって，これからどのような文章を書いていくのかということが次第に明らかになるからである．

　この段階で，大和武蔵は，まだキーワードが出せない状態である．つまり，どのような方向で書きはじめたらいいかわからない状態であるといえる．

第4回　問題設定の議論

　ここでは，前回提出された文章の書き直しについての議論が行われている．タイトルが「国際化とことばの教育」から「国際化とことばの学習」に変わり，2つの見出しが付けられたことで，内容の把握がずいぶん楽になった．

　これで，一応，問題設定分が出来上がったことになる．前半の説明にあった「問題提起」が押さえられたことで，次に進むことができる．

　武蔵は，まだ議論についていけないと嘆いているが，新野のリーダーとしての役割について気付いたのは，この活動を考えるうえで重要だろう．

第5回　全体の構成を考える

　ここでは，全体の構成を押さえるために，目次作成という作業をしている．

　問題提起が明確になった段階で，このように全体を見通し，その方向性を決めるという作業が必要だ．目次をつくるという作業は，このように全体の構成を見通すためにあるといっていいだろう．

第6回　国際化と英語

　ここでは，問題提起を受けて，本論の具体的な中身の記述に入ることになる．今田の担当で書かれてきた「国際化と英語」という文章を検討している．

　ここで問題になっているのは，文章のオリジナリティということだ．テーマが自分に引き付けられていないと，記述が一般論に陥りやすい．一般論に陥ると，その文章はオリジナリティを失う．このことに，武蔵も気付きはじめたようだ．

第7回　私にとってのことば

　続いて，本論の2番目の文章の検討である．

　「私にとってのことば」という章題からも，清村がテーマを自分に引き付けて書こうとしていることがわかる．ここから，武蔵も，オリジナリティの問題を考え続け，自分にしか書けないレポートを目指しはじめている．

第8回　個人と社会を結ぶもの——ことばとアイデンティティ

本論の3番目で,「ことばとアイデンティティ」がテーマとなっている.

内容的にやや抽象度が増し,全体的にわかりにくいという感想が多かった.だが,それぞれのやり取りを重ねるうちに,考え方の共通点や違いもみえてきて,レポート全体のいいたいことが少しずつ姿を現しはじめたことがわかる.このことを武蔵は「書きたいことは人と人の間に生まれる」と表現している.

第9回　全員で全体を振り返る

ここでは,いままでの記述をもう一度全体的な立場から振り返り,いいたいことがはっきり表されているかを検討している.武蔵のひとりごとにみられるように,問題提起で行った議論を,結論としてどのように収めるかがまだ出ていない.この結論の方向がはっきりしただけでも,全体を振り返る意味があるといえるだろう.時折,このような形で全体を振り返る活動の意味がここに表れている.

第10回　終章からまとめを書く（武蔵の順番）

ここでは,「4.ことばを学ぶ意味」をもう一度振り返り,最後の結論へ向けての方向性を確認しようとしている.

この検討を進めるうちに,武蔵のなかにも,結論へのアイデアが生まれてきている.こうしたアイデアは,個別の検討のプロセスで生まれることがしばしばである.したがって,検討は,こうしたアイデアが生まれるような環境として行われることになるだろう.ここに,アイデアとオリジナリティを生む風土がつくられる.

第11回　自分の考えていることを実現できる企業
　　　　　——個人共生型企業というアイデアへ

ここでは,結論を担当した武蔵のアイデアが記述されている.「自分の考えていることを実現できる企業」という章題で,「個人共生型企業」というアイデアがそれである.

この結論が,最初の問題提起をどのように受けるのかが,レポート全体の評価とかかわってくる.つまり,いいレポートにするためには,問題提起と結論の整合性を明確にする必要がある.これが,「わかりやすい構成」の鉄則だ.

第12回　全体から部分へ，部分から全体へ

以上の第1章〜第5章を全体的に見通したうえで，もう一度，全体の構成を見直すという作業をしている．今回のレポート作成では，数人が共同作業として行っているため，それぞれの章の関係が必ずしも明確になっていないという問題がある．これを明確にするために，全体を見直し，全体としての統一をとるという作業が必要だった．これを小野が担当した．

この段階で，大きなコンセプトも，「ことばの学習／教育」から「コミュニケーション」に変わっている．このように，全体を見直すことで，テーマそのものも方向転換を迫られることもある．

このようにチームで書くレポートの考え方については，丸井部長の発言が示唆しているように，初めから決めてしまうとみえなくなってしまうものであり，書くプロセスを通して，それぞれが「発見」するしかない．

第13回　最終的な調整

最後の調整は，武蔵の担当である．

ここでも作業は，全体を見通したうえで，レポートの趣旨をもう一度，振り返り，これを記述してみるという活動だ．このことによって，さらに新しい発見があることもある．少なくとも，全体を見直すことで，「わかりやすい構成」のための筋道が明らかになるからだ．

小野が指摘するように，数人で書いたものにもかかわらず，全体を一人で書いたような統一性が生まれているのは，こうした「全体から部分へ，部分から全体へ」という見直しの成果である．

(2) 体験編の実際と構成の関係

このように，第Ⅰ部「体験編」での記述に沿って，毎回の研修でどのようなことが起こっているのかを振り返ってみると，この構成が表のようになっていることがわかる．

検討の回	研修の検討	レポートの章立て
第1, 2回	● 全体の構想	
第3, 4回	● 問題提起（問い）	1
第5回	〈全体の見直し〉	
第6, 7, 8, 10回	● 本論（証拠の内容）	2, 3, 4
第9回	〈全体の見直し〉	
第11回	● 結論（答え）	
第12, 13回	〈全体の見直し〉	5

　まず全体構想のブレーストーミングからはじまって，問題提起とその見直しまでが一区切り，ここまでで5回分使っている．

　つぎに本論編で，第6, 7, 8回でそれぞれ文章の中身を検討し，全体の方向が見えてきたところで，一度振り返りを行い（第9回），最後に第10回でまとめをしている．

　続いて，結論の検討を行い，ある程度形ができたところで，全体的な振り返りと調整に2回分をかけている（第12, 13回）．

　このように，基本は，問題提起・本論・結論の3部構成だが，それを挟んで適宜全体の見直しや振り返り・調整などが入っているところは，実際の活動によってさまざまであるだろう．これは，その場その場の状況に応じて考えるしかない．この場合，リーダーとしての新野のコーディネートがよく働いているとみるべきだろう．

3.「いいレポート」とは何か

(1)「いいレポートとは何か」という議論

　はじめに述べたように，レポートを書く場合に目指すべきは，「いいレポート」である．しかし，実際に「いいレポートとは何か」という議論はあまり行われてこなかった．それはなぜかというと，その時代・社会の状況によって「レポート」観が異なってきたからだといえるだろう．

　レポートについて，どのように書いたらいいかということが本格的な議論になりはじめるのは，1980年代に木下是雄『理科系の作文技術』（中公新書）と

いう本がきっかけになっているといえる．

　それまでは，文学的な文章の書き方のようなものが主流で，学術的な文章，とくに論文やレポートの書き方について論じたものはきわめて少なかった．この本の登場によって，学術的な文章の書き方への関心が一気に高まったといっていい．

　一方，こうした文章の書き方への関心は，その技術やテクニックという方向へ加速させたきらいがある．もともと文章を書くというジャンルが持つ実用性から考えて，その精神や理論よりも，具体的な書き方へ関心が向くのは当然のことで，この本の読者の多くもそうした志向を持つ方々だろう．

　そうした技術・テクニックの進展は上記の流れのなかで隆盛を極めるのだが，具体的な内容に関する議論はほとんど起こらなかったといっていい．

(2) 国語教育・日本語教育の場合

　たとえば，国語教育の場合は，文学作品を読むという活動を中心に行ってきたため，文章を書くという表現の指導はさほど十分ではなかった．もちろん，作文教育そのものの歴史は古く，それなりの蓄積もあるのだが，具体的にどのような文章を書くかという議論は専門家の間でも共通理解がなかったといってよい．いわゆるレポートの扱いについては，エッセイなどを中心にしたやや文学的なものが多く，だれに向けて書くのかという対象の議論は現在でもほとんど成立していない．とくに受験のための，いわゆる小論文対策が教科のなかに入り込んだことにより，この分野での文章の在り方は混迷を極めているといえる．小論文では目の前の情報を上手に処理する力はつくかもしれないが，考えながら相手とやり取りをすることは学べないことは，すでに別のところで述べた（細川，2008，pp.57-58）．

　一方，外国人のための日本語教育では，内容ではなく，形式面での検討が中心に展開された．とくにアメリカからのパラグラフ・ライティングなどの考え方の影響を受けて，テクニックとしての作文技術はかなり開発された．しかし，何を書くのかという点に関してはほとんど研究も行われず，現在に至っている．この分野でも添削という活動が盛んに行われているが，そうした添削という行為が，具体的にどのような力を学習者につけるのかという吟味はこれまでほと

んど行われてきていない．むしろ添削という行為によって，「正しい日本語」を強制する活動になっていることに，日本語教育関係者はきわめて無自覚である．

このように，ことばの教育にかかわる2つの教育において，文章を書くという行為について十分な研究は行われず，その結果として，「いいレポートとは何か」という問いの答えは，まだこの分野で確立をしていない状況なのである．

(3) 対話と評価

もう一つの問題として，この議論は，対話と評価という問題と深いかかわりがあるように思われる．

この本でも示したように，文章を書くという行為は，つまるところ自分と相手，あるいは自分のなかでの対話活動なのだが，こうした対話という概念が文章作成の際にこれまでまったく考慮されてこなかったところにも原因があるように思われる．

また，この対話という活動は，実は，評価という活動とも深いつながりがあるのであるが，これもほとんど問題にはされてこなかった．評価というと，成績をつけることだと考える人が多いように，最後の段階でだれかがだれかをランク付けすることだというようなイメージが付きまとっている．ところが，評価という概念は，対話活動にははじめからつきものなのである．なぜなら，対話活動を行うということは，常に自己と他者の価値観のずれを経験することであり，このずれそのものを自分の価値観に照らして，相手を評価するという行為をいつの間にか私たちは行っているからである．

この本でも繰り返し示したように，文章を書くという行為は，他者からのさまざまなコメントを受けつつ自らの内省を経てなされるものである．そうすると，他者からの評価をどのように受け止め，それを自分のなかでどのように咀嚼するとともに，さらに自分のものとして形成していくかというような方向が，書くという行為には必然的に必要になってくるのである．こうした評価のプロセスをみずには，文章作成の問題は解決しない．対話活動はすなわち評価活動であるということを改めて考える必要があるだろう．

(4) 環境としてのオリジナリティ

この本では，「いいレポート」の最大の要件として，オリジナリティをあげて

いる．しかし，オリジナリティの議論は，前述の国語教育や日本語教育でもほとんど取り上げられていない事柄である．

それはオリジナリティというものがどのようなものであるのかについて共通理解がないためだろう．それは，これまで述べてきたように，その時代・社会の状況によって「レポート」観が異なってきたように，オリジナリティ観も異なっているからである．そのため，オリジナリティとは何かをめぐっては，多くの誤解や解釈の齟齬があり，文章を書くための要件としての共通理解とはなっていないのが現状であるといえる．

オリジナリティの意味については，別に書いたことがあるので（細川，2008，pp.24-37），詳細はこれに譲るとして，ここでは，文章を書く際のオリジナリティをめぐる誤解や解釈の齟齬について述べておこう．

この問題は，もともと文章を書くという活動についての考え方の違いから生まれるものだと考えることができる．前に述べたように，文章を書くという行為は，名文の模倣というような観点が主流だった．いい文章を見習えばいいものができるという考え方である．

これは修辞学という伝統のもとで明治のころからすでにあった考え方だが，文学鑑賞の道徳的・倫理的解釈の流れのなかで十分な展開をみなかった．

文学的な文章の書き方を超えて，一般的なレポートや学術的な文章の書き方への関心が一気に高まるのは，前述のように1980年代に入ってからであるが，こうした文章の書き方への関心が，その技術やスキルという方向へ向かったのは，もともと文章を書くというジャンルが持つ実用性のためである．実用性という方向自体は，世の常として一概に否定することはできないが，問題なのは，書く主体としての個人と書くという行為との間に，いわば役に立つモノとして消費する／される関係が成立してしまったことだろう．

つまり，売り買いのできる技術・スキルをモノとして身につけることで，いいレポートが書ける，上手な文章が書けるという情報が市場に行き渡り，これを対価によって消費することで自分のものにできるという，いわば幻想が生まれてしまったことである．文章の書き方，レポートの書き方という類書が，それこそいつもベストセラーになるのは，このことを如実に表している．

しかし，問題は，書くという行為，また大きくいえば，ことばによる活動そ

のものが，そうした消費によって「等価交換」されるものなのかどうかなのである．残念ながら，ことばの活動は，そうしたモノとしての消費にはそぐわないところに議論の本質があるのではなかろうか．

　ことばを自分のものにする，自分のことばで書くということは，お金を出して買えるような種類のものではない．ところが，学校でも企業でも，レポートの書き方や文章作成のクラスや講座をつくったり，その種の本を読んだりすれば，あたかもことばを自分のものにして自分のことばで書くことができるような錯覚を共同的につくってしまっている．

　一方で，「自分らしさ」とか「自分探し」ということを名目として，すべての最終的な答えが自分のなかにあるというような風潮がこれに拍車をかけ，「自分らしさ」を自己の内側に求めすぎた結果，開き直った「自己責任」のもとで，きわめてエゴイスティックに「孤立」化し，他者との協働とそれに伴うゆるやかなつながりによる社会の形成の問題から目を背けることになってしまった．前述の受験のための小論文の技術・スキルの消費は，まさにこのことを象徴的に表しているといっていいだろう．

　だからこそ，この本では，レポートを書くという行為を，一つの協働の体験として位置付け，その体験からどのような成果を生み出すかは，書き手とつながる，さまざまな関係のなかで醸成されるべきという立場をとっている．全体から部分へ，部分から全体へという流れをつくるのは，書き手自身の問題であるというよりは，むしろ書き手を取り包む環境としての社会，たとえば，教室であったり研修であったりという他者との協働において達成されるべき課題であるというのが，この本の考えである．オリジナリティとは何かということの意味も，そのプロセスにおいて明らかにされることだろう．

第2章
「対話」から考える

1．はじめに

　この章では，対話の観点からレポート作成のプロセスをみていこう．

　対話と聞くと，読者のみなさんは，レポートや報告書を書くのに「なぜ対話なのか」とお考えになるかもしれない．たしかに文章というのは，普通は「一人で書くもの」だと考えられてきた．私たちの今までの学校での経験を振り返っても，作文にせよレポートにせよ「一人で書くもの」であったし，むしろ対話をして他の人からアイデアをもらい，自分の文章を完成させるのはいけないことだとすら考えられてきたのではないだろうか．

　この章では，レポートを書くことそのものが対話活動であることを述べ，書く上での対話の重要性について考えてみたいと思う．

(1) なぜ対話なのか——対話活動としての書くこと

　なぜレポートを書くということが対話なのか．ここで，まず最初に，なぜレポートを書くのかということを考えてほしい．読者のみなさんはなぜレポートを書くのだろうか．それは企業人であれば，仕事のうえで何らかの報告を自分のチームのメンバーにしなければならないのかもしれず，メンバーたちに伝えたいことがあるはずだ．また，学生であれば学期末にレポート提出が課せられているのかもしれず，担当の教員（場合によっては他の受講生たち）に対して自分の主張すべき意見があるはずだ．いずれにせよ，レポートを書くということは読み手に何かを伝えようとする行為である．したがって，当然のことながら，読み手がいないレポートはありえない．そこで，いま，直接，話すわけではないけれど，自分が書いた文章を読むであろう読み手を想定し，その読み手に理解してもらえるように書くのがレポートだということになる．読み手に何をどのように伝えたいかを考えながら，自分の意見や報告すべき内容を表現す

る.

　たとえば，自分が調べたことに基づいて，このようにプロジェクトを進めていったらいいのではないか，という提案をレポートとして書くとしよう．そのとき，あなたはただ一方的に自論を展開するのではないはずだ．メンバーたちがレポートを読んでどんな反応をするか，とくに重要なポイントではどんな反論が出される可能性があるかを想像しながら，自分の主張を理解してもらえるように，受け入れてもらえるように書くはずである．おそらくチームのメンバーの顔を思い浮かべ，あの人はこの点についてはこう考えるに違いないからもっと説明をしておかなければならないだろう，などと反応を想像しながら書くだろう．これは不特定の読者にむけて書く場合でも，ある程度同様である．ここではこういう反応がありそうだから，丁寧に説明しておこう，などと予測しながら書く．したがって，読み手が存在して，その読み手の反応を想像しながら書くということは，レポートは「想定された読者」との対話活動だということになる．

(2) 書くプロセスでの「他者との対話」

　レポートを書くという行為自体を読み手を想定した対話活動であるととらえたうえで，この章では，自分の書いた文章はなるべく人に読んでもらうとよい，また，書くプロセスでもいろいろな人と対話をするとよいとおすすめしたいのである．

　先に述べたように，今までの学校教育においては，私たちは人とじっくり内容を相談してレポートを書くということはあまりなかった．だからかもしれないが，自分が書いたレポートを人に読まれるのはぜったいに嫌で，ましてやそれに意見を述べてもらうなんてもってのほかという人も多いだろう．しかし，この章では，レポートを書くうえで他者と対話をすることは非常に大きな意味を持っているということを述べたいと思う．つまり，想定された読者との対話を充実したものとするためには，書くプロセスで実際にほかの人と対話をすることが大変重要なのである．

　では，なぜ「文章を書く」ために，ほかの人との対話が必要なのだろうか．それは，レポートを書くプロセスで，書いた文章をめぐって対話をするという

ことは，書き手の論理や視点だけでなく，読み手の論理や視点を直接に入れるということを意味するからである．読み手にどれくらい納得してもらえるのかということを書くプロセスでシミュレーションすることになる．たとえば，あなたの文章を読んで，読み手は論理展開に飛躍があると感じるかもしれない．また，あなたの説得に疑問を持つかもしれない．そのような指摘やコメントを受ければ，あなたはその問いに答えられるようさらに自分の考えを深め，推敲していくことができるだろう．したがって，自分が書いた文章についてほかの人と対話をすることは，文章を書くうえで重要な意味を持っているのである．

　今まで，対話が重要だと述べてきたが，2つの意味で対話ということばを用いていることに皆さんは気づいただろう．一つは，書き手であるあなたがレポートの読み手を想定して行う「想定読者との対話」である．もう一つは，レポートを書く過程で，書き手であるあなたが友だちでもだれでも，あなたとレポートの内容をめぐって，あるいはレポートそのものについてではなくても，あなたのレポート作成にヒントになるようなやり取りが直接行われることを指している．これを「他者との対話」と呼んでおこう．レポートを書くということは「想定された読者」との対話活動であり，それを十分に実現するには実際の「他者との対話」が重要なのである．想定読者との対話はあなたが想定する範囲になるだろうが，他者との対話は想定外のことも多く含まれるにちがいない．異なった視点からの重要な指摘があるはずである．だからこそ，「他者との対話」が必要なのである．

(3) 書くプロセスでの「自己との対話」

　こうして「他者との対話」をとおして，もう一度考え直し，書くべき内容を練っていくという行為は，書き手である自分に再び向き合うことを意味する．なぜ自分はこのように書いたのだろう．なぜ自分が書いたことはうまく伝わらなかったのだろう．そもそも自分は何を書きたかったのか．いいたいことはこうだったか，いや，ちょっと違う，こうだろうか……，ことばをいい換えながら自分の考えを探る．考えては書き，書いては考える．つまり，自分自身と対話をすることになるのである．

　書くというプロセスは，「じっくりと考えること」とそれを何とか「ことばで

表現しようとすること」の行ったり来たりである．あるいは両者は表裏一体といってもいいだろう．自分の内部にまず経験や考えがあって，それを適切なことばで形にして表現するというよりも，ことばによって経験や考えがはっきりしてくるといったほうがいいだろう．ことばになると同時に，あるいは，ことばにすることによって，経験や考えが明確な姿を現す．書くプロセスそのものが自分の考えを探るプロセスであり，終わりのない対話のプロセスだということもできる．このプロセスは「自己との対話」ということができるだろう．

　書くという行為は，レポートにせよ，エッセイにせよ，感想文にせよ，自己との対話である．あれか，これか，と逡巡しながら，ことばを探していく過程は，そのまま考える過程であり，書く過程である．

　では，自己との対話があれば他者との対話は必要がないだろうか．ここでもう一度，なぜレポートを書くのかを考えてほしい．読み手を想定し読み手に納得してもらえるように書くのがレポートであって，それはエッセイや感想文とは違った大きな特徴である．したがって，レポートは読み手としての他者を強く意識するからこそ，書くプロセスでの他者との対話が有効なのである．自分とまったく異なった他者との対話によって，レポートに読み手の視点を入れることができる．レポートが独りよがりのものではなく，論拠のある説得的なものかどうかを他者の眼をとおして吟味することになるのである．日記を書くのなら自己と対話することになるだろうが，レポートを書くうえでは自己との対話に加えて他者との対話が重要な意味を持っているということがわかるだろう．

(4) この章のねらい

　以上，レポートを書くということは，「想定読者との対話活動」であり，それを充実したものとするには，現実の「他者との対話」が重要であること，そのプロセスでは，「自己との対話」を迫られることを述べた．そうすると，レポートを書くプロセスは，「考える→書く→他者と対話する→考え直す→書く」というプロセスとしてとらえることができる．第Ⅰ部に描かれた事例のなかでもこのプロセスは確認できる．そこで，つぎに，レポート作成のプロセスで対話が重要な役割を果たしていることを第Ⅰ部の事例から具体的に検討していこう．

2. 対話のプロセス

　第Ⅰ部「体験編」では、「国際化とコミュニケーション」というテーマで出発し、研修プロジェクトの複数メンバーが分担してレポートを書いてきては対話をし、レポートを完成させた。誰かがまず担当部分のレポートを書いてくる。それをミーティングでみんなで検討する。その対話をふまえて、もう一度書き直す。この流れを、一人でするか（ソロ）、やりとりをするか（インターアクション）、という観点から検討してみよう。

(1) ソロ→インターアクション→ソロのプロセス

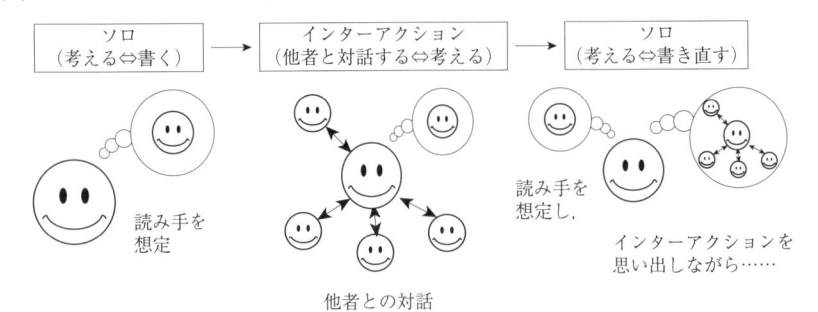

```
┌─────────────┐      ┌───────────────────┐      ┌─────────────┐
│　　ソロ　　　│  →   │　インターアクション　│  →   │　　ソロ　　　│
│（考える⇔書く）│      │（他者と対話する⇔考える）│     │（考える⇔書き直す）│
└─────────────┘      └───────────────────┘      └─────────────┘
```

　　読み手を　　　　　　　　　　　　　　　　読み手を
　　想定　　　　　　　　他者との対話　　　　想定し、
　　　　　　　　　　　　　　　　　　　　　　インターアクションを
　　　　　　　　　　　　　　　　　　　　　　思い出しながら……

　まず、一人で考えながら書くという「ソロ」のプロセスがある。このプロセスですでに「自己との対話」および「想定読者との対話」を行っており、考えては書き、書いては考える。そうして、とりあえず自分がこれでいこうと思ったレポートを仕上げ、プロジェクトのメンバーに読んでもらう。ここでレポートをめぐって「他者との対話」をする。つまりインターアクションのプロセスである。第Ⅰ部では研修というミーティングの場がそれにあたる。やり取りをしながら自分はなぜそう書いたのか、どう考えていたのか、自分自身を振り返ることになる。そして、対話で得たコメントをもとに、再び一人で考えながら書き直すというソロのプロセスがある。つまり、ソロのなかで考え、書き、インターアクションをとおしてさらに考え、再びソロにもどって、考え、書き、内容を深めていくというスパイラル構造になっている。

(2) 小野の場合

　ここでは体験編で書かれたレポートとそれに対するコメントを引用しつつ，登場人物の一人，小野の心の声を聞いてみよう．第2回目のミーティングでテーマに関して全員でブレーンストーミングを行った．この議論をもとに，第3回目に小野はレポートの「問題設定文」を書いてきた（ソロ）．次にこの問題設定文に対して，みんながディスカッションをした（インターアクション）．小野は持ち帰り，議論をふまえてレポートを書き直し（ソロ），第4回目に持ってきた．そこで「ソロ→インターアクション→ソロ」の流れにおいて，小野は対話をとおしてどんなことを考えたのか，対話の前後でレポートはどう変わったのか，第3回と第4回の研修を中心にみていこう．以下は，①体験編のレポート▭，②そのときのディスカッションでのコメント◯，③小野のひとりごと◯（初登場！），④解説を適宜おりまぜながら進める．小野のひとりごと（③）だけのところもあれば，レポート（①）やコメント（②）に対するひとりごと（③）の場合もある．

1）ソロのプロセス

　小野はソロのプロセスでいくつかのことを迷っていた．

① 具体的なこと
　文体はどうしよう．「です」「ます」にするかどうか．
　ことばの選択をどうするか．「国際化」がいいか，「グローバル化」がいいか．
② 企業と国際化との関係について
　テーマは企業における国際化とコミュニケーションだが，まずは国際化とことばの教育について問題設定文を書くことになった．企業にとっての国際化とことばのつながり，あるいは，国際化とことばの教育のつながりが，いま一つ自分の中でピンとこない．国際化の中で意思疎通をすることは大切だが，それはことばを訳していくなかでは果たされない，だから，ことばの教育が必要になる，ということを書いてみたのだが，読み手にそのような展開が理解されるかどうか……あまり自信がない．いいたいことがまだなんだかぼんやりとしているけれど，とりあえず書いてみたという

のが正直なところ．
③ 自分の経験をどう書くか
　外資系での経験はどの程度書けばいいだろう．具体例があったほうがわかりやすいと思うけれど，実は，短期のアルバイトだったので，そういろいろ書けるわけでもない．ここにあげた例はぴったりといえるかな．例が長くなりすぎるとよくないと思うし….

　ソロのプロセスでは，考えをことばにするために小野は自己と対話をしている．そこでは，さまざまなレベルで迷いがあるが，とりあえずことばにしてみる．文章化し可視化することによって，他者にとっても自分にとっても検討の俎上にのることになるのだ．

2） インターアクションのプロセス

〈① いきなりなんで「ことば」なんだろう〉
　小野のレポートをみんなで検討した．それぞれのコメントを小野はどのように聞いていたのだろうか．

　研修第3回レポート

　また，日本には外国からの労働力，外国企業の国内進出，国内企業における海外事業の拡大など，ビジネス面でも有無をいわせず，国を超えて接点がつくられていっています．そのため，企業においても，「国際化」について考えざるを得ない環境が整いました．企業は「国際化」と「ことば」をどう捉えているのでしょうか．市場の拡大だけでしょうか．利益の増大でしょうか．そのような結果をもたらすための過程としてのビジネスのなかでは，重要なことは，仕事を効率よくこなしていくことだけではありません．ビジネスでも私たちは互いの意見を話し合うコミュニケーションを行います．

今田：でも，いきなりなんで「ことば」なんだろう？　ことばの問題というよりは，やはりコミュニケーションの問題と考えるほうが自然では？

　国際化とことばとのつながりがなんだかぼんやりしていたが，ここに「コミュニケーション」が入る，というコメントをもらって，頭の中がぐるぐると活性化してきた．最初は，まず個人の視点で，国際化するということは個人が直接，個別に世界中の情報を入手できるという点をあ

Ⅱ．執筆編　113

げていた．しかし，今田さんにコミュニケーションの問題といわれたことをきっかけに「つながる」という観点がひらめいた．

　じゃあ，個別化とつながることとはどういう関係にあるんだろう．まったく反対のようだけれど…．自分が考えていた他者との接触から自分とは何かを考えるということと関係がありそうな気もする．うーん，あとでもっとじっくり考えてみよう．

　頭の中にアイディアの芽みたいなものがぼんやり生まれかかっているが，どう形にできるのか，はっきりしない．少し光が見えたような感じでもあるし，まだ暗中模索という感じでもある．

　小野はレポートでは国際化とことばを結びつけて考えるところからスタートしたが，それ以前にまずコミュニケーションではないかと今田から指摘を受けた．そこから，個別化とつながることについて考えるわけだが，実は小野自身，第2回のディスカッション時にすでに「他者との接触が増えるということは自分とは何かを考える機会が増えること．拡散と深化が反映されたのが「国際化とコミュニケーション」ではないか」(p.4) といっている．しかし，それは第3回に持ってきたレポートには反映されてはいなかった．小野自身の意識化が薄かったといえるかもしれない．これが今田のコメントにより意識化されたといえるだろう．また，今田の指摘を受けて，新野は「企業が捉えている国際化とは市場の拡大だけではない．やはりコミュニケーションの問題もある．そこでやっと国際化とコミュニケーションの問題になる．そのコミュニケーションスキルにはことばが重要な役割を担う．それがことばにつながるのね．すると，国際化を担うことばとは何かということになるのかしら．」(p.8) と国際化，コミュニケーション，ことばの関係を整理している．今田の「コミュニケーションの問題」というコメント，新野の重要なことばの整理を受けて，小野はさらに考え，その内容は第4回のレポートに「ミクロレベルの分裂」と「マクロレベルの融合」という形となって現れる (p.13)．

〈② これはいい文〉

研修第3回レポート

　私たちは母語，外国語を問わず，自分自身が仕事に対してどのような考えを持っているのか，自身の意見を相手に主体的に述べることを迫られているのです．

清村：ここはいい文ですね．

文章の「いい」といわれた部分があってうれしかった．この部分をなんとか文中に生かしたいな…

　先に書いたようにレポートとは読み手を想定したものである．したがって，実際に清村のコメントのように共感が示されたということは，読み手に受け入れられる可能性が高いとみていいだろう．

　ただし，目の前の相手のコメントを全面的に受け入れるということではない．読み手がどのように読むのか，自分とは異なった視点から書き手は再検討する必要があるが，あくまでも文章を書く責任は書き手にある．

〈③ 裏付けになっていない〉

研修第3回レポート

　私たちは母語，外国語を問わず，自分自身が仕事に対してどのような考えを持っているのか，自身の意見を相手に主体的に述べることを迫られているのです．そのことを身近に感じられた経験をしたのは，自身が外資系の企業で働いていたときです．オフィスの構成員は，多国籍でした．社内のカスタマーサポート事業を担当したとき，多く寄せられるトラブルは，互いの意見，目的が通じ合わず，問題が解決できないということでした．第三者が介入して，それぞれのことばを訳していくことには限界があります．私たちが主体的にビジネスを進めていくために，企業はいま，「国際化とことばの教育」について，考察していく必要があるのではないでしょうか．

今田：でもここは，この後にある経験が「主体的に述べることが必要だ」の裏付けになっていない気がする．理由につながるようにするのは？

理由付けになっていない，といわれ，ちょっとグサリときた．うーん…「相手に主体的に述べることを迫られている」ということを説得する

ために，外資系企業でことばが通じないために問題が解決できなかったという経験をあげたのだけれど……これは説得力がないかな．もう一度，考え直してみよう．自分でもインパクトが足りないかなと思っていたんだけれど，やっぱりいわれてしまった．トラブルはなぜ解決されなかったのか．その説明が不十分だったかもしれない．第三者が訳せば，トラブルは解決されたのか．そうではない．問題は，価値観や意見，目的が異なるために解決できないということだ．ということは，関係者それぞれの問題自体のとらえかたが異なるということだ．つまり，問題と各自とのかかわりを描き出すということが必要だということではないか．その辺を書き加えてみよう．

　小野は自分でも自信がなかったところを指摘され，さらにつっこんで考えることになった．その結果，トラブルの原因とことばとの関係を考え，単に通訳をすればいいのではなく，各自がそれぞれの視点から問題とのかかわりを描き出すことこそ重要であるという主張を導き出した．それは，「より個別化された「私」について，相手に主体的に述べることを迫られている」(p.14)という主張へとつながっている．他者のコメントをきっかけに，主張をより一貫性のあるものへと明確化しているといえるだろう．

　第1章では，いいレポートの条件の一つとして，「主張を裏付ける根拠」が必要だと述べた．自分のなかではつながっているつもりでも読み手には根拠として伝わらないということはよくある．それは説明不足と簡単に片づけられるものではなく，書き手自身のなかで十分説得的な根拠が明確に意識されていない場合が多い．読み手という他者の視点を得てはじめて，書き手に明確に意識化されるのである．したがって，他者の目をとおして意識化される対話のプロセスは，読み手に向けて書かれるレポートには必須の重要なプロセスであることがわかる．

〈④ 社内のカスタマーサポート事業〉

研修第3回レポート

社内のカスタマーサポート事業を担当したとき，多く寄せられるトラブルは，互いの意見，目的が通じ合わず，問題が解決できないということでした．

今田：具体的には，外資系の会社でアルバイトしていたときの，社内のカスタマーサポート？
小野：ええ，社内．
今田：寄せられるトラブルは社内の人たちのトラブル？
小野：そうですね，社内，関連企業，海外支社など．
今田：じゃ，カスタマーサポートじゃないじゃない．
小野：要は，働いて不満があることを集結する．
今田：問題は社員だよね．

「社内のカスタマーサポート事業」ということばがわからない，といわれてはっとした．自分の中では，カスタマーサポート事業というのは自分が社内や関連企業の人にサービスを提供するという事業ととらえていた．社外と誤解されるといけないので，わざわざ「社内の」と付け加えた．しかし，今田さんに「じゃ，カスタマーサポートじゃないじゃない」といわれ，そうか……とはじめて意識的になった．「社内の」とつけていたということは，うすうす「ふつうは社外」だと自分でも思っていたのかもしれないが，そのことをはっきり意識していなかった．やはり人に指摘されなければ，直せなかっただろう．

　自らが十分意識していなかったことを他者から指摘してもらうのは，他者と対話をする上での大きなメリットである．ことばは使い手によって異なった意味やニュアンスを持っていたり，また指し示すものが異なっていたりする．なぜそのことばを使うのか，どんな意味で使うのかというところに，一人ひとりのそのことばとの歴史がある．そして，そのことは，他者をとおしてでないとなかなか明らかにならない．他者をとおして初めて，他者とのズレから自分の

そのことばへの意味付けを意識的に知ることになる．自分自身が使うことばに日ごろから意識的でありたいし，そのためにも自分以外の人の視点は重要である．

〈⑤ 見出しを入れてみる〉

新野：見出しを入れてみる？　たとえば，（ことばの）教育ではなくて，学習にして．問題提起を膨らませるために倍くらいにし，見出しを3つくらい入れてみる．40字×30行くらいにして，動機は800字くらいにして，見出しを3つほど入れてみたらどうだろう．

　新野さんの提案を受けて，3つの見出し「企業における国際化」「企業におけることば」「企業におけることばの学習」を考えてみた．
　今田さんからのコメント①と③をあわせて考え直すにも，やはり見出しがあると問題の整理になる．最初からこういうふうに論点をあげて考えていれば，もっとすっきり書けただろうなぁ．でも，それは無理だったと思う．話し合ってはじめてこの論点が出てきたのだ．「ことばの教育」については，最初のレポートでは，1文しか書いていなかったけど，「ことばの学習」として膨らませて書いてみよう．

　新野のアドバイスで，小野はその場で3つの見出しを提示した．しかし，小野自身もいっているように，これが最初からできるわけではない．やはり対話をとおして可能になったといえるだろう．人に話すことによって自分の考えが整理されたり，アイデアが生まれたりすることを小野は体験した．きちんと構想がまとまってから書きはじめるのではない．まずアイデアを書いてみる，それを互いに検討して膨らませる，さらに主張を明確にしていく，ということが書くプロセスであって，そこでは対話が重要な役割を担っていることがわかる．
　また，同時にアイデアを書いてあるていどまとまったところで，見出しをつけるなどして全体を眺めてみることも必要だ．部分から全体をみると同時に，全体から部分へと振り返ってみるということである．

3) 再びソロのプロセス

　みんなからもらったコメントを持ち帰って，小野はさらに考え，レポートを書きなおした．ここでは，コメントをくれた一人ひとりの顔を思い浮かべ，もう一度，自分の考えを大きく2つの点から整理し練り直すことになった．

　　話し合っているときは気付かなかったが，後でもう一度振り返ってみると，みんなからもらったコメント①③⑤が互いにつながっていることがわかってきた．「国際化」というと個人が直接，世界中の情報を入手できる，という考えが最初に浮かんだが，今田さんに指摘されたコミュニケーションという観点から「つながる」というアイデアが出てきた．個別化，個人化と対極の考えとしてのつながり，つながりの緊密化．一人ひとりが深くなっていくと同時に，それがつながって重なるというようなイメージが出てきて，「二つの流れ」が出てきた．個別化と緊密化，ミクロレベルの分裂とマクロレベルの融合だ．こうして，企業について書きはじめる前に，企業を構成する個人，企業がおかれている社会，という視点で整理されてきた．最初に書いたときにもやもやしていたものが，少し整理されてきたような気がする．「国際化における個人と社会」というテーマでまとめることができそうだ．

　研修第3回レポート〈第1段落〉

　いま，私たちが暮らしている世界では，国境，国籍にとらわれず，誰もが生活の中で日本ではない外国との接点を持つことができるようになりました．たとえば，身近なものであれば，インターネットであるでしょう．近頃は，SNS（ソーシャルネットワークサービス）というネット上に人的ネットワークを構築できるものもあります．

　このレポートは，ここでの検討によってつぎのように書きなおされた．

研修第4回レポート〈第1, 2, 3, 4段落〉

　いま，私たちの生活を見渡したとき，私たちは軽々と国境や地域を飛び越えて暮らしていることがわかる．私たちのまわりにはあらゆる国籍，地域の人，物，ことが溢れている．現在のこの状況を「国際化」という視点から眺めたとき，そこには二つの流れがある．

　一つは，より個別に，深化する流れである．メディアによる情報もさることながら，私たちはインターネットをとおして，個々人の情報ネットワークを世界のあらゆる地域で築くことができる．SNSなどのソーシャルネットワークサービスでは，情報は個人の興味・関心を主体に収集され，国や組織をとおさず，個人と個人の接点をとおしてもたらされる．こうしたネットワークによって，個人が手にする情報の量，幅は以前に比べて飛躍的に増大し，より個別化している．国際化ということばは，もはや特定の状態，状況を指すものではなく，現在の私たち一人ひとりの日常をある一側面で捉えたことばになっている．

　もう一つの流れは，世界全体の緊密化という流れである．社会的な側面からみると，人・物・ことの交流が盛んになることによって，ある国，地域での出来事が及ぼす影響は，さらに広範囲にわたり，そのスピードもますます速まってきている．ある国での経済の悪化や，インフルエンザなどの伝染病の発生は，瞬く間に世界中に広まっていく．温暖化を含め，世界規模での問題の共有化，危機管理の国際化という認識なしでは，私たちが抱える問題はもはや解決することはできなくなっている．

　国際化は二つの流れが相互に影響し合いながら，進行している．個人がネットワークを築くことによって，より個別化していき，それと同時に社会が問題を共有することで，より緊密化していく．ミクロレベルの分裂とマクロレベルの融合である．

　冒頭部分の書き直しによって，レポートは「国際化における個人と社会」という見出しでスタートした．その結果，最初のレポートの第2段落で取りあげていた，「企業とことば」に「企業の中の個人」という視点をつなげることができた．そこで，2つめの見出し「企業におけることば」では，企業のなかの個人として，「より個別化された私が，相手に

主体的に述べることが迫られている」という流れをつくることができ，社員サポートの具体例をあげて，いいたかった「主体的に自分を表現する」という主張と結びつけることができた．これは清村さんにいいと褒められた文（p.8）でもある．

　2つめの見出しの後の1段落目には，2つの流れのなかを取り結ぶものとしてのことば，つまり，コミュニケーションとしてのことばを打ち出した．第2段落には，外資系企業に勤務したときの経験をあげた．そこで，問題は通訳で解決できることではなく，互いの価値観などの違いが問題になっているということをもっとはっきり加えた．共有しているはずの問題なのに，通じ合えないということ．それが下線部分だ．さらに，第3段落と第4段落を新たに加え，「より個別化された「私」について，相手に主体的に述べることを迫られている」ということを主張した（波線部分）．これで，今田さんからのコメント（この後にある経験が主体的に述べることが必要だ，の裏付けになっていないという発言）はクリアーできたんじゃないかな．自分としてもいいたいことが腑に落ちたような感じだ．最後に，第4段落で，企業におけることばとは，共有された問題をいっしょに解決していくものであり，また，個別化された個を自分が理解していくためのものであり，他者と関係を築いていくものであるという考えでまとめた．

　こうしてみんなからのコメントを自分のなかで位置づけ，さらにじっくり考えることで最後の主張がはっきり出せたように感じる．いま，考えてみると第3回のときに持っていったレポートはまだまだいいたいことが自分で十分整理できていないかったみたい．浅い内容だったなぁと感じる．苦しかったけれど，前より納得ができるレポートになってうれしい．

　語句の選択についても，コメントを受けて「社内のカスタマーサポート」をやめ「社員サポート」とし，「社員の勤務上のトラブルをサポートする」という部署についての説明を加えた．以前よりわかりやすくなったはずだ．

第2の検討はレポート後半で以下のように反映されている．

> **研修第4回レポート〈第5, 6, 7, 8段落〉**
>
> 　こうした二つの流れの中を取り結ぶものとして，いま「ことば」が存在している．より深く個別化するそれぞれの個々人がより緊密につながるためのコミュニケーションとしての「ことば」が求められている．
> 　以前，外資系の企業に勤務していたとき，私はこのことを強く感じた．多国籍の社員で構成されているその会社で，私は社員サポートを担当していた．社員の勤務上のトラブルをサポートするこの部署に，もっとも多く寄せられたトラブルは，互いの価値観，意見，目的が通じ合わず，共有された問題を解決できないというものだった．第三者が介入し，当事者それぞれの「ことば」を解釈し，訳していくには限界がある．問題を共有した当事者どうしが，それぞれの視点から問題との関わりを描き出すことで，そこにある問題の姿が浮かび上がってくるのである．
> 　私たちはいま母語，外国語を問わず，自分自身が仕事に対してどのような考えを持ち，なぜそう考えるのか，より個別化された「私」について，相手に主体的に述べることを迫られている．そして，それぞれの「自分」をことばで表現しあい，そこに共有されるものをとおして，私たちは新たな関係を構築していく．
> 　国際化が常態化した企業における「ことば」とは，共有された問題をともに解決していく「ことば」であると同時に，より個別化された「個」を自分自身が理解していくための「ことば」であり，それを他者に発信し，相互に作用しながら新たな関係を構築していく「ことば」である．

　小野は1つめの見出し「国際化における個人と社会」および2つめの見出し「企業における「ことば」」について上記のように検討し，書き直した．また，最初のレポートでは「ことばの教育を考えることで，私たちはより豊かな世界を築いていける」と書いていた部分（p.7）を3つめの見出し「ことばの学習」として大きく膨らませて加筆した（p.13-14）．

　また，自分が気になっていた文体（です・ます体など）やことばの選択（国際化でいいか）などについても，ディスカッションの俎上に載せて意見をもらった．みんなからのコメントで直接そのまま採用した「カスタマーサポート→社員サポート」のようなことばの変更もあるが，いわれたことを自分のなかで位置付けるなかで，自分の考え自体がまとまってきたようだ．最初の文章よりは，主張がはっきりしてきた．この書き直しの作業は，いいたいことが決まっ

ているのに，適当なことばがみつからなかった，というよりも，コメントをもらい自分で考え直してみて，「自分のいいたいことがわかってきた」といったほうが適切であろう．考えをことばにするのではなく，ことばにしながら考えるのだ．とくに3つの見出しをつけて全体を練り直してみるというアドバイスで，小野の中で漠然としていた考えを3つの論点で整理して書く方向にもっていくことができたようだ．

　結局，レポートを書くということは，他者との対話，自己との対話の中で主張をより明確にするプロセスであり，またその主張を見える形のことばにするというプロセスである．

4）最終レポートへの反映

　小野が書き直した部分は，その後，全体の調整をするなかでさらに検討が加えられた．たとえば，レポートは第4回の時点では，3つの論点，つまり，「国際化における個人と社会」「企業におけることば」「ことばの学習」の3部構成としてまとめられた．その後，第8回で全体を振り返り，まとめを書いていくことになり，第12回では小野は一貫性のある主張のみ残してかなりの部分をカットし論点を整理している．つまり，「企業におけることば」と「ことばの学習」の一部であることばによるコミュニケーションの方法の部分をいっしょにして，「企業におけることばとコミュニケーション」としてまとめた．そして，その後に，武蔵があらたに提案した「自分の考えていることを表現できる企業」を加えた．また，段落の順序を入れ替えたりした．最終的に，第13回では，「国際化における個人と社会」の部分は同じで，その後に「企業におけることばとコミュニケーション」，「自分の考えていることを表現できる企業」とした．結局，話し合いをくり返し何度も書き直すなかで，最初と内容はずいぶん変わったけれど，構成は3部構成となった．

　全体を振り返ってみると，まずアイデアを文章にし，それをもとに対話をし，書き直す．さらに書き上げた部分をつなげて文章全体の中に位置付けながら調整をし，レポートを完成する，という作業をしていったことになる．つまり，全体から部分を見て，また，部分から全体を見る，ということの行ったり来たりの繰り返しをしている．このプロセスでいいたいこともはっきりしてきた．

対話をとおして最初のぼんやりとしたアイデアがことばになっていっただけでなく，アイデアそのものが生まれたり，明確になったり，また，ふくらんでいったりした．

3. 他者との対話

　ここまで小野が研修第3回目に持ってきたレポートとそれに対する対話，さらにそれを受けての小野の書き直しレポートとその都度考えたことをみてきた．これは，「ソロ→インターアクション→ソロ」の流れになっている．このなかで，他者との対話，つまり，インターアクションのステージは重要な意味を持っていると思われるが，他者との対話はレポート作成にどんな貢献をしたのだろう．もう一歩踏み込んで検討してみよう．

(1) リソースの拡大，視点の多角化
　私たちは自分が知らないことを他者が知っており，そのおかげで情報が増えたり，視野が広がったりすることをよく経験する．「三人寄れば文殊の知恵」ということだ．自分がカバーできる世界には限りがあるから，他者からの知識や情報の提供によってレポートで扱うトピックが広くかつ深くなる．つまり，対話によってリソース（提供してもらえる資源）が増えるのだ．
　自分が知らなかったことを教えてもらえるだけではない．視点の多角化，つまり，別の角度から考えることができるようになるという可能性も持っている．自分で自分の「思い込み」を打ち破ることはなかなか難しいものだが，他者から別の視点でコメントをしてもらうことで気付くことも多いのである．先にあげた小野の「社内のカスタマーサポート事業」ということば（p.122）がその例である．

(2) 思考の整理・明確化と深化・進化
　先ほどあげたのは，他者から知識，情報，あるいは別の視点などが「もらえる」という観点であった．しかし，対話によって「もらえる」ばかりではない．自分自身で自分の考えを整理したり，見直したり，その結果，新しい考えが生まれたりもするのである．読者のみなさんも日常のなかでこのような経験がある

のではないだろうか．たとえば，試験の前に友だちからあることを質問される．自分としてはすでに理解していると自信があったのに，説明をしているうちに自分の考えに穴をみつけたり，わかっているつもりがわかっていなかったようだと混乱する．そこで，さらに考えて，以前より理解が深くなる，など．また，逆に，説明しているうちに，自分の考えていたことに確信が持てるようになり，ばらばらだった考えがつながり，一貫性を持った考えに深化することもあるだろう．これらは，第1にあげた他者から新たな情報が「もらえる」ということとは異なり，自分自身が考えていたことの見直しという面を持っている．

先にあげた小野の例でも，「国際化」と「ことば」との関係を考えたとき，今田から「ことば」よりもまず「コミュニケーション」ではないか，という指摘を受け，自分自身の考えが整理され，また発展している．つまり，国際化における個人と社会との関係について，個人がネットワークを築き個別化していく流れと，社会が問題を共有することにより緊密化していく流れという2つの流れに考えが整理されてきた．つまり，伝えたい考えを小野が最初にはっきりと持っていたというよりも，ぼんやりとしていたものが今田の発言をきっかけに集中して考え直すことによって整理され，明確になり，新しいアイデアへと発展していっているのである．これは今田がこのように書いたらいい，と答えを持っていて，着地点を見極めて小野にアドバイスをしているということではない．むしろ今田との対話をとおして小野のなかで思考の整理と深化あるいは進化が起きているということだろう．つまり，はっきりした考えが今田のなかにあったわけではなく，また，小野のなかにあったわけでもなく，対話をとおしてその間に生まれてきたというのが適切だ．武蔵も「書きたいことは人と人の間に生まれる」とひとりごとをいっている（第8回）．このような対話の機会を増やすことで，新しい考えそのものが生まれてくるのだ．私たちも職場や学校で日頃からこのような対話の機会を持つこと，また，ミーティングなどの具体的な対話の場がなくても，自分から対話の相手を求めていくことが必要であろう．

(3) 創発——オリジナリティの獲得

また，対話によって新しいアイデアが生まれ，そこにオリジナリティが生ま

れうる．見直しによって変化するというよりも，まったく別の今までになかった新しいアイデアが生まれるという意味で別の項目をたてたが，これは前項の続きともいえる．二人の人が別々に考えていて，持ち寄っただけでなく，そこに対話が生まれ，互いの考えが重なり，さらに考えが進化すると，そのやりとりのなかでまったく別の新たなアイデアが生まれることがある．これを「創発」と呼んでいる．個人の単純な総和ではなく，対話によって相互作用がおき，創造的な成果を生みだすことができるのである．足し算を超えた新たなものが創造されるという意味で，対話の持つ大きな意義である．

　創発はふつう他者との真剣で活発な対話のなかで生まれる．ある問題が起きたとき，解決策を模索するために，ブレーンストーミングをしたとする．各自は最初はバラバラの意見をそれぞれの立場から出しているのだが，ほかの人の意見に触発されて次々と新しいアイデアが出てくる．ベストの解決策を目指してみんなで真剣に対話をすることで，当初は考えもつかなかったものを生み出すことができる．互いの考えを持ち寄った以上のものが生まれるのである．

　では，レポートを書くうえで創発が生かされるとはどういうことか．他者との対話を引き受けて自分との対話を深めていくと，そこに新しいアイデアが生まれてくる．そして，それこそはレポートのオリジナリティとなるのだ．第Ⅰ部「体験編」の具体例をみていこう．第10回のミーティングで，終章の内容を検討し，その後の「まとめ」の方向性を話し合った．話し合いの結果，レポートの最後のところで，アイデンティティと関係性のことを述べ，それに対し企業がどう向き合わなければならないかを武蔵が書かなければならないことになった．武蔵は企業のなかでの相互理解について，その前の週からずっと考えている．そのようななか，ある著書の一節をきっかけに，「自分の考えていることを表現できる企業」というイメージが湧いた．これがレポート全体のキーワードとなる「個人共生型企業」である．ずっと考え続けていると，いろいろなアイデアが浮かんだり，それぞれがつながったりするものだ．研修第11回で，これについて書いたものをみんなに検討してもらった．この「個人共生型企業」ということばは，武蔵のオリジナルだが，みんなに共感を持って受け入れられ，レポート全体のコンセプトを表すことばとなり，発信すべき中核的理念となった．「個人共生型企業」というアイデア自体が，書いたものに基づいて行った毎

回の対話のプロセスの創発として生まれたということができるだろう．武蔵自身，最初は何をやればいいかわからず右往左往していた．しかし，毎回のディスカッションをとおして，レポートのテーマについて武蔵なりに考え，書き，さらに対話により揺さぶられたり見直したりしながら考え続けてきた．このプロセスでチームのみんなとの対話が重要な意味を持っていることがわかる．だから，武蔵のオリジナルとはいっても，武蔵が一人で考えだしたものではない．しかし，同時に，武蔵が考え続けたからこそ，他者との対話を引き受けて自己との対話を続けたからこそ，新しいアイデアをことばにすることができたのである．

こうして対話のなかから生まれた「個人共生型企業」というコンセプトは，このレポートのオリジナリティを示す重要なタームとなった．オリジナリティとは最初からあるものではない．オリジナリティとは，対話をとおして考えをことばにし，さらに吟味し，思考するなかで「生まれてくる」ものなのだ．

(4) 他者との対話における「重なり」と「異なり」

他者に自分の文章を読んでもらい，それをめぐって対話をするということは，書いたものを単にチェックしてもらうということではない．思考そのものを創るということができる．「書きたいことは人と人の間に生まれる」のである．これは他者と自分とが異なっているからこそ可能なことである．いっぽう，異なりばかりでまったく重なりがなければ，対話そのものが成立しない．つまり，人と人との間に「重なり」と「異なり」があるからこそ，対話が生まれ，対話から新たなものが生まれるのである．他者との対話において，重なりと異なりが重要な意味を持っていることがわかるだろう．

重なりというのは共有化，つまり伝わることに貢献する．人と人は互いに共通の基盤を持っていて，その上に立っているからこそ理解が成り立っている．たとえば，企業の部署内の報告書であれば，前提とする共有知識があるため，そこを意識的に利用することで伝わりやすくなる．共有できる問題意識を提示したり，共通の具体例をあげるなどである．

いっぽう，異なりというのはオリジナリティに貢献する．他者とのすり合わせにより，どこがほかの人と異なるのかに気付くことによって，なぜ自分はそ

う考えるのかをさらに深めることになり，自分の固有のものが何なのかがだんだんわかってくる．

　重なりがなければ異なりに気付くことができず，また，異なりがなければ他者と重ね合わせる意味がない．他者と重なろうとすることは，対話をとおして他者をわかろう，とすることである．そうして重なりをつくることによって，初めて他者と自分とが異なっている部分に気付く．あえて重なりをつくり，そこで異なりに気付き，その異なりを発信する．さらに，発信したものは他者と共有するために，次の重なりをつくり，その重なりから新たな異なりに気付いていく．この終わりのないやりとりが，他者との対話によって，テーマを深めていくということになるだろう．

　こう考えると，他者との対話によってレポートを書き直すという作業は，他者の意見をそのまま入れることではないことがわかる．なぜ自分と他者とは異なるのかを十分に考えることによって，自分固有のものに気付くことができるはずであり，自身のオリジナリティを獲得し深めるチャンスとなるはずである．そのオリジナリティを他者に向けて，わかってもらえるように発信する．そうすることで，レポートはよりオリジナルな，それでいて他者に共有されるものとなるにちがいない．

(5) 他者との対話とレポートの評価

　評価の観点から考えると，レポートを読んでコメントをするという行為は，まさに評価活動である．いままでふつうは学生がレポートを書き，教師が評価をしてきた．企業においても，上司が部下のレポートを評価しているであろう．しかし，上下関係がなくとも，人の書いたものを読んでコメントすること自体が評価活動なのである．異なった価値を持った者（読み手）が他者の書いたものに対して価値付ける行為である．

　読み手がそれぞれ異なった価値観を持っているとすると，評価のものさしは人によって異なることになる．ある人のレポートがいいレポートであるかどうかは，絶対的なものではなく，それを評価する人によって異なる．そこで，対話をとおしてレポートを書き直していくという作業は，自らとは異なった価値観を持った他者からの評価を受け止めて，どのように自らのものとしていくか，

自らの考えと他者のそれとの重なりと異なりを明確化していく行為だともいえる．人によってものさしが違うとすると，評価は一方的なものではなく，異なった者どうしの重なりと異なりの調整とオリジナリティの発揮という形になるであろう．

そのとき，他者との対話が重要だといっても，他者の評価をどう受け止めるのかは書き手自身の責任である．他者のコメントはあくまでも他者の視点からのコメントであり，取捨選択して位置付けるところに書き手の主体性が問われる．一方，評価者である読み手にも責任が問われる．いいかげんなコメントをしたのでは，書き手にとって混乱を招くだけだ．読み手が他者の書いたものに真剣に向き合いコメントをするということは，書き手に貢献するばかりでなく，読み手自身の成長をも促すことになるだろう．

4．自己との対話

いままで，「他者との対話」がレポート作成プロセスにどのように貢献するかをみてきた．つぎに，レポートの書きはじめから最後まで続く，「自己との対話」のプロセスについてみていこう．

(1) 考えていることを表現する

研修第2回でみんながまずブレーンストーミングをしたように，一人で書くときも，書こうとすることについてテーマにそってアイデア出しをする．思いつくままにキーワードを並べて書いてみるといいだろう．そして，そのキーワードをまとめながら，文章化していく．このとき，たえず自分の主張は何なのか，全体を見渡しながら部分を考え，部分から全体へといったりきたりしながら考える．しかし，前にも述べたとおり，かならずしも最初から主張が明確でない場合も多い．そこで仮の主張をしつつ，主張をたえず吟味し，場合によっては変化させ，深めていくことになる．このとき重要なのは，問いの設定（問題提起）と答え（結論）との呼応関係である．つまり，何が問題なのかという問題意識と自分が主張したいこと，つまり，問いと答えが一つのレポートのなかには，セットになって書かれていることになる．この構成については，第1

章「「構成」を考える」を参照していただくことにして，書くプロセスでの読み手としての自分ということを考えてみよう．

(2) 自分にとっての問いと答え

　レポートとは問いと答えがセットになって書かれていると述べたが，ここでどのような問いを立てるか，というのが自己との対話の最初にくる一番中心のものであり，そして重要なものである．なぜ自分はこのテーマでレポートを書くのか．もちろん，授業の課題として出されるレポートの場合は，テーマが決まっていることも多い．そこで，そのテーマと自分との関係を考える．自分自身にとってそのテーマはどんな意味があるのか，なぜそう考えるのか，ということを考えることによって，自分の固有の考えが生まれてくる可能性がある．そういう意味では，問いと答えがセットになっているだけでなく，問いと答えの間に自分自身が存在し，「問い→自分自身→答え」というようにつながっているということができる．

　また，自分自身の固有な考えは，他者との対話をとおして生まれてくるということはすでに述べたとおりだ．したがって，自分にとっての問いと答えはセットであるが，そのプロセスに他者との対話が介在することによって，「問い→自分自身→答え」がより明確になってくるはずだ．

　インターネットでキーワード検索をしたものをつなぎ合わせて文章をつくったとしても，そこには自分が不在のために読み手が書き手の主張を読み取ることができないのは当然のことだ．

5．テーマをめぐる他者との対話，自己との対話と成長

　この章ではレポートを書くこと自体が対話活動であり，またレポートを完成させるプロセスでは他者と対話をし，自己と対話をすることの重要性を述べた．書くことについて今まで私たちは大きな誤解をしてきたのではないだろうか．書くということを自分の思考と切り離された表現技能として考えてはこなかったか．何か伝えるべきメッセージがすでにあり，それを形にすること，ことばにすることが書くということだと考えてはこなかったか．また書くという行為

は一人で行う行為であり，書くプロセスに他者を介在させるということがどういうことかわからなかったのではないか．

　レポートを書くということを対話という観点からみると，書き手を中心に「テーマ」「他者」「自己」を結んだ三角形を描くことができる．中心にいるのは書き手である．書き手はテーマをめぐって他者と対話をし，自己と対話をし，テーマへの思考を深めていく．この3つが三位一体となってレポートの内容が深められていく．

　他者とどれくらい深く対話ができるかは，互いがそのテーマについてどれくらい深く考えているかによるだろうし，また，他者との関係性にもよる．他者と対等な対話ができない場合は深い対話には至らないだろう．また，自己とどれくらい深く対話ができるかも，自分自身がそのテーマについてどれくらい深く考えているか，また自分に向き合うことができるかによる．そして，他者との対話と自己との対話は互いに結び付いていて，両者は互いの対話を促進する．いいレポートが書けるかどうかは，この2つの対話の質にかかっているということができるだろう．そして，最終的には，その2つの対話を引き受けて，書き手自身が自分に向き合って，レポートを完成させる．そのプロセスは，自分が考え続け，表現し，さらに考え続けることで，自分自身を成長させていくプロセスともいえるのである．

　書くことをとおして成長すると述べたが，たとえば，修士論文を書くという2年間を考えてみるとこのことが顕著にみえる．最初は，何をテーマとしていいかわからない．入学した時点でテーマが決まっているはずだったのに，少し考えてみると矛盾だらけに見えてくるし，そもそも自分がやろうとしていたことがなんだったのかわからなくなってくる．そこで，他者，つまり仲間の学生や教員と対話をする．ますます混乱しつつも，それなりに多くの気付きを得ることができ，自分なりにテーマを深めたように思い，少し書いてみる．それを他者に読んでもらうと，自分でももっともだと思うようなコメントをたくさんもらう．そこでさらに考える．こうして，対話をとおして考え，書き続けることで，自分と向き合うことになる．結局，書くことをとおして，自分をみつめなおさざるをえなくなるのである．なぜ自分はこのテーマで論文を書くのか．自分にとって何が問題なのか．論文にこのような取り組みをする自分は，今ま

でどのようにものごとに取り組んできたか．修士論文の完成プロセスと自分が変容するプロセスとは並走していることになる．

　これは修士論文に限らない．第Ⅰ部でみたように，レポートを書くなんてできそうもない，書くことが大の苦手であった大和武蔵も，みんなの対話に参加し，そのプロセスで自分と向き合い，考え続け，結局，レポートの主張となるオリジナルなアイデアを生み出した．これは，他者との対話を引き受けつつ，武蔵が自分自身と対話をし続け，書いては考え，考えては書いたなかで生まれたものであり，そこに至るプロセスは武蔵の成長のプロセスでもあるのだ．つまり，対話をし，考え，書くという行為をとおして，オリジナルな考えを獲得すること，それは同時に，そのように考える自分自身に向き合い，自分という人間そのもののオリジナルな部分を発見していくということではないだろうか．

第3章
「言語」から考える

1. はじめに

　この章では，言語の観点からレポート作成のプロセスをみていこう．
　第2章でとりあげた対話とは異なり，レポートや論文を言語の観点からみるというアプローチに，とくに目新しさは感じられない．書店に行けば，「レポート作成入門」「論文の書き方」「ビジネス文書のコツ」といった参考書は山のように積まれているし，インターネットを探せば「目的の書き方」「2つのデータを比較する場合の表現」「自分と他者の意見の書きわけ方」といったように，レポートや論文を書くためのテクニックを紹介するサイトが数多く存在する．
　では，いま改めてレポート作成を言語の観点からみていくことに，いったいどのような意義があるのだろうか．

(1)「書くこと」は「考えること」
　本章では，最終的にできあがったプロダクトではなく，そこに至るまでのプロセスに注目する．
　レポートや論文に限らず，ある程度の分量を持ったひとまとまりの文章を書くとき，「思い付いたことを頭に浮かんだ順に書いていったら，それがそのまま完成版になった」などということはありえない．まずは頭のなかで，あれこれ考える．実際に書きはじめてからも，文章の順番を入れ換えたり，違うことばでいい直したり，句読点を加えたり移動したり，文をごっそり削ったりする．途中まで書いてあとが続かなくなり，最初から読み返すこともあるだろう．
　その結果，書きはじめたときには「はじめに」にあった一文が，完成版では「おわりに」に移動していたり，前後とのつながりからどうにも収まりが悪かった段落が，他の場所に移動することですっきりしたりといったことが起きてくる．完成版に至るまでには，このようなミクロとマクロのレベルの調整が何度

Ⅱ．執筆編

も繰り返される.

　このような,「考えること」と「書くこと」の関係は,「いいたいことや述べたい内容を,頭のなかでまとめること(考えること)」と「その内容にあった言語形式や表現を選んで流し込むこと(書くこと)」という,それぞれ独立した行為であるかのように捉えられがちである.だからこそ,私たちはしばしば「考えがまとまったら,書きはじめよう」とペンを止める.あるいは「考えはまとまっているのに,うまく書けない.どうしてだろう」と思い悩む.

　しかし,この本では,そのような前提には立たない.「考えること」と「書くこと」は,それぞれ独立した行為として存在するものではなく,「書くこと」は「考えること」そのものだと考えるからである.この前提に立つなら,「考えがまとまってから書こう」という選択肢はありえない.「考えはまとまったが,うまく書けない」ということもない.考えていることは目にみえないが,書くことによって言語化され可視化される.「考えること」と「書くこと」は,表裏一体の営みなのである.

(2) オリジナリティと根拠

　第1章では,「いいレポート」のポイントとしてつぎの3点があげられていた.

- オリジナリティのある主張
- 主張を裏付ける根拠
- わかりやすい構成

　この3つのポイントは,第Ⅰ部体験編では,たとえば次のように現れている.

　第5回のひとりごとで武蔵は,「どのように自分の考えを出せばいいかは,高校でも大学でもだれも教えてくれない.」(p.21)と悩んでいたものの,第7回のひとりごとでは,「「自分にしか書けないもの」が「他人を納得させるためのもの」だとすれば,文章を書く上で一番大切なことは,<u>オリジナリティ</u>ということだ.」(p.32)と宣言している.

　第4回のミーティングで清村は,小野がレポートに書いてきた「より個別に,深化する流れ」と「世界全体の緊密化という流れ」という2つの流れに対して,「どうしてあなたが2つの流れを重視するのか,その<u>根拠</u>みたいな,それを発す

る根拠があるといいと思う.」(p.15)と述べる.第6回のミーティングで小野は,今田のレポートの最後の一文に対して「最後の「より豊かな人生と人的ネットワークの増大を目指して自身のことばの力を育成する」というところが主張だと思うんだけど,その根拠がないよね.」(p.24)と指摘し,「それはそう簡単にはいえない」と答えた今田に,「ここのところの説得力がないと,なんか評論家的な感じがするな.」(p.24)と根拠を示すことの必要性を述べる.

　第12回のミーティングで小野は,「前回の指摘を受けて,バッサリ見直すということで,まず全体の構成を考えました.全面的に修正してきた原稿は,次のとおりです.検討お願いします.(中略)結論を入れて5章立てだったのを全体で3章立てにしました.」(p.67)と述べている.

　では,「オリジナリティのある主張」「主張を裏付ける根拠」は,それぞれことばとどのような関係にあるのだろう.それをどのように組み立てれば,「わかりやすい構成」になるのだろう.

(3) この章のねらい

　このように考えると,プロセスに注目してレポート作成をみていくことの意義がみえてくる.レポートや論文の目的は,自分の意見を相手に伝え,相手を説得することにある.これは,立派な社会的営みである.そうであるなら,その文章は独りよがりのものであってはならない.

　ミーティングでのやりとりが,レポートにどのように反映されるのか.「オリジナリティのある主張」「主張を裏付ける根拠」「わかりやすい構成」は,どのようなプロセスを経てことばとして現れる(可視化される)のだろうか.

　レポートが深化していくプロセスを,ことばの変容をたどりながらみていくことには,最終的な完成版としてのレポートをみていくのとは,まったく異なる意義があるはずである.

2. ことばを選ぶ

　他者に伝え,理解してもらうために,ことばを選ぶ.
　そのときに大切なのは,選んだことばが,自分が考えていることやいいたい

ことを適切に反映しているか，読み手にそのように伝わっているか，という2つの観点である．

ここでは，そのような例をみていこう．

(1) 「社内のカスタマーサポート」

第3回ミーティングで，「カスタマーサポート」という語が話題になった．

> **研修第3回レポート**
>
> 私たちは母語，外国語を問わず，自分自身が仕事に対してどのような考えをもっているのか，自身の意見を相手に主体的に述べることを迫られているのです．そのことを身近に感じられた経験をしたのは，自身が外資系の企業で働いていたときです．オフィスの構成員は，多国籍でした．社内のカスタマーサポート事業を担当したとき，多く寄せられるトラブルは，互いの意見，目的が通じ合わず，問題が解決できないということでした．

今田：この経験が主体的に述べることが必要だの理由になっていない．具体的には，外資系の会社でアルバイトしていたときの，社内のカスタマーサポート？
小野：ええ，社内．
今田：寄せられるトラブルは社内の人たちのトラブル？
小野：そうですね，社内，関連企業，海外支社など．
今田：じゃ，カスタマーサポートじゃないじゃない．

小野が第3回レポートで書いたのは，外資系企業に勤めていたときの経験である．小野は，当時，会社のトラブルを解決する部署に属していた．そこでの主な業務は，社員と社員の間，関連企業との間，本社と支社の間などを仲介し，そこで起こった問題を解決することであった．つまり小野にとって，「社員」「関連企業」「海外支社」は，「自分がサービスを提供する相手」という意味において「顧客（カスタマー）」であり，自らの仕事は彼らをサポートすることであった．このような認識が，小野に「カスタマーサポート」という単語を使わせたのだと思われる．

しかし，ふつう「カスタマーサポート」という語は，会社の内部ではなく「自社の製品やサービスを導入した，社外の顧客に対するサポート」という意味で使われる．今田の「じゃ，カスタマーサポートじゃないじゃない．」という発言も，このような解釈に基づくものであろう．実は，小野もそのことには気付

いていたようである．というのは，第3回レポートをよくみると「社内のカスタマーサポート」というように，「社内の」という注釈付きで記されているからである．しかし，たとえ「社内の」という注釈があったとしても，今田にそれは伝わらなかった．

このようなやりとりを経て，第9回レポートでは「カスタマーサポート」が，「社員サポート」に置き換えられる．

> **研修第9回レポート**
>
> 　以前，外資系の企業で勤務していたとき，私はこのことを強く感じた．多国籍の社員で構成されているその会社で，私は社員サポートを担当していた．社員の勤務上のトラブルをサポートするこの部署に，もっとも多く寄せられたトラブルは，互いの価値観，意見，目的が通じ合わず，共有された問題を解決できないというものだった．

「社内のカスタマーサポート」ということばに，小野がどれほど思い入れを持っていたのかはわからない．もしかしたら，小野にとっては，自らの仕事への取り組み方を示す，重要なキーワードだったのかもしれない．しかし，ことばに対する個人的な思い入れの深さと，それが読み手に伝わるかどうかには，直接的な関係はない．

ことばを選ぶときには，常に「自分が考えていることや言いたいことを適切に反映しているか」と同じ，あるいはそれ以上に「読み手にそのように伝わっているか」を考えていくことが必要である．

ただしこれは，ことばを選ぶ際に，思い入れの深さを基準にしてはいけないということではない．自分がどうしても使いたいことばがあるのに，そのことばの意味は読み手にうまく伝わらないかもしれない．そういうときは，なぜそのことばを使いたいのか，どういう意味で使いたいのかを，読み手に向けて，きちんと説明する必要があるということである．

(2)「国際化」と「グローバル化」

一つのことばは，一つの概念と対応する．

ことばと概念の対応関係は，1本のレポートのなかで終始一貫していなければならない．逆の見方をすれば，異なることばを使えば，それは，それぞれ異

なる概念を表すことになる.

ここでは,「国際化」と「グローバル化」を例に,ことばと概念の対応関係について具体的に考えてみよう.

> 今田:タイトルは国際化とは何かで考える方がいいかなと思います.ただ,最近,国際化ということばはここ何年か,企業ではあまり使われてないという気がしますが,小学校とかでいう国際学級とか,あと,英語学級とか,教育の文脈で国際人と育てるというところではまだ使われている気がします.これを考えているときに,「国際化とコミュニケーション」よりも「グローバル化とことばの教育/学習」のように,「教育」とか「学習」ということばが入った方がいいのかなとも考えたのですけど.
> 丸井:タイトルは大きく「国際化とコミュニケーション」ということだけれども,このコンセプトを生かして,皆さんで自由に考えてみてください.国際化かグローバル化かということは,どちらでもいいと思うけど,使いやすい方でいきましょうか.

「国際化」と「グローバル化」は,このレポート全体を貫く主要なテーマの一つである.今田からは,「国際化」よりも「グローバル化」のほうがよく使われるのではないかという問いかけがあったが,丸井は「国際化かグローバル化かということは,どちらでもいいと思うけど,使いやすい方でいきましょうか」と,とりあえずそれを保留にして話を進めている.

このミーティングを踏まえて提出されたレポートとミーティングでのやりとりは,つぎのとおりである.

研修第3回レポート

> 「国際化とことばの教育」コンセプト…
> いま,私たちが暮らしている世界では,国境,国籍にとらわれず,誰もが生活の中で日本ではない外国との接点を持つことができるようになりました.(中略)そのため,企業においても,「国際化」について考えざるを得ない環境が整いました.企業は「国際化」と「ことば」をどう捉えているのでしょうか.

> 小野:国際化はこのままでいいかな? グローバル化もいっていたけど.
> 皆:前回,いいという話になった.

このミーティングでは,「国際化」と「グローバル化」のどちらがよいかが,とくに検討されていない.しかし,これで「国際化」と「グローバル化」の問

題が解決したわけではない．なぜなら，第9回レポートも，依然として「国際化」と「グローバル化」が混在しているからである．

> **研修第9回レポート**
>
> 2．なぜ英語なのか
> 　私たちが暮らしている今日の社会は，さまざまな面で<u>グローバル化</u>が急速に進展し，人の流れ，物の流れのみならず，情報や資源などの国境を越えた活動が活発となり，国際的な相互依存の関係が深まっている．（中略）
> 　こうした状況のなか，英語は母語が異なる人々の間を取り持つ国際的な共通語として最も普及されているものであり，母語に次ぐ言語として多くの人が学ぶものとなっている．そして，ビジネスの現場において，英語が話せることはより多くのビジネスチャンスを掴めるものとして捉えられ，人的競争力の一つとして取り扱われているのである．そのような動きとともにアジア諸国では国際化における競争力の増大をうたい，学校の義務教育のなかに必須科目として英語学習を位置づけようとする動きが活発となっている．

　第9回ミーティングでも，「国際化」と「グローバル化」のどちらに統一するかが検討された様子はない．それはおそらくメンバーが，「国際化」と「グローバル化」に，さしたる意味の違いを感じていなかったからであろう．もし，誰か一人でも「「国際化」と「グローバル化」では，意味することがまったく違ってくる」と感じたのであれば，どのように違うか，どちらを使うべきかが議論されたはずだからである．

　しかし，さしたる意味の違いを感じていないからといって，「国際化」と「グローバル化」の2つを混在させてよいということにはならない．「異なることばは，それぞれ異なる概念を表す」というのが，レポートや論文における鉄則だからである．ちなみに，この混在は，最終的に「国際化」で統一されることで解消される．そのプロセスを次の**(3)**で取りあげる．

　レポートや論文において，一つのことばは一つの意味（概念）に対応する．「同じことばを繰り返すと単調になる」「文章に変化を持たせたい」といった理由で違うことばを用いるのは不適切である．単調だとか，同じことばが何度もでてくるのがしつこいと感じても，同じ概念には同じことばを対応させなければならない．

(3)「国際化」の定義

　自分が書いたレポートや論文に対して,「このことばの定義は何か」「このことばを, どういう意味で使っているのか」などと質問された経験はないだろうか. レポートや論文などのまとまった論理的な文章を書く際には,「ことばの定義」を明確にすることが求められる. ここでは,「国際化」に統一されるプロセスを例に, この問題を考えてみたい.

　このプロジェクトは, リーダー新野の次の問いかけで始まった.

> 新野：では, 皆さん, 国際化とは何でしょうか. 異文化や外国人との接触機会の増加でしょうか？

　この問いかけは, ブレーンストーミングの出発点であると同時に,「国際化」という語を, このレポートのなかでどのように定義していくかという議論の出発点でもある.

　前のページで「メンバーが,「国際化」と「グローバル化」に, さしたる意味の違いを感じていない」と述べた. たしかに, この2語は同じような意味で使われることが多い. しかし,「国際化」は,「internationalization」という英訳からもわかるように, 直接にせよ間接にせよ国家（nation）がかかわる事象に用いられる. いっぽう,「グローバル化」の英訳は「globalization」で, 文字どおり訳せば「地球規模化」であり, とくに国家を想定することばではない.

　この本でメンバーが書こうとしているレポートは, 国家間の事象を取り上げるものではない. したがって,「国際化」と「グローバル化」の本来の意味に照らせば, キーワードとしては「グローバル化」のほうが適当だと考え,「グローバル化」に統一するという判断もあった. しかし, メンバーは, そのような判断をしなかった. 2語の定義を厳密に区別して「グローバル化」を採用するのではなく, 使いやすい「国際化」を採用し, そのことばでどのような内容を表そうとしているのかに記述の重点をおいたのである.

　実際, 最終レポート（第13回）では, 冒頭のまるまる1節が,「国際化」の説明に割かれている.

> **研修第 13 回レポート**
>
> 1. 企業における新しいコミュニケーション観の確立へ
>   （1）国際化における個人と社会
>   いま，私たちの生活とその周囲を見渡したとき，私たちは軽々と国境や地域を飛び越えて暮らしていることがわかる．
> （途中省略）
>   国際化ということばは，もはや特定の状態，状況を指すものではなく，現在の私たち一人ひとりの日常をある一側面で捉えたことばになっている．

このように丁寧に記述されることにより，ここでいう「国際化」が，本来の「グローバル化」とほぼ同じ意味であることは，読み手に伝わる．「国際化」ということばが使われているのに，国家間の問題が取り上げられていないことを，読み手が疑問に思うこともない．

どのことばを使うかという選択は非常に重要である．しかし，それと同じくらい重要なのは，自分がそのことばをどういう意味で使っているのか，定義は何か，それはレポートのなかで一貫しているかという点を繰り返し考え，わかりやすく提示していくプロセスである．

3. 議論の可能性を閉ざさない

レポートや論文の目的は，自分の意見を読み手に伝え，説得することにある．相手を説得するときに大切なのは，感情を込めて強調したり，同じことばを何度も繰り返したりすることではなく，自分がなぜそう考えるのかを，具体的な根拠を示しながら論理的に話を進めていくことである．そのためには，どんなことに注意すればよいのだろうか．

ここでは，このことを考えてみよう．

(1) レポートは主観的な文章である

第 5 回ひとりごとで，武蔵は自分の大学時代のレポートをつぎのように振り返っている．

・先生の指示したテーマを図書館とかで調べ，文章を適当にコピーして切り貼

りすればできてしまう
・自分の考えを書くということについては，あまりうるさくいわれなかった
・主観的な感想ではダメで，客観的なデータを集めろといわれた
・人のいっていることを上手に要約することがレポート作成のコツ
・自分の個人的なことになって主観的なことになるから書いてはいけないのだろうし，それを書いても客観的なレポートにはならない

　どうやら武蔵にとって，よいレポートというのは，人の意見や先行研究，図表・統計などのデータなどを探し，それを引用したり切り貼りしたりしてつくるもので，それはすなわち客観的な文章であるということのようである．自分の問題意識や考えが前面に出てしまうと，それは，個人的で主観的な文章になるから，レポートにはまったくふさわしくないと考えている．
　はたして，レポートや論文というのは，客観的な文章なのだろうか．
　結論を先取りしていうなら，レポートや論文は，主観的な文章である．
　たとえば，「私は英語が下手だ」という文があったとする．これは個人的な文である．自分自身の英語能力という個人的なことがらについて述べているからではなく，根拠なく自分の印象を述べているからである．「私」を「日本人」に置き換えて，「日本人は英語が下手だ」にしても，そこに根拠が示されていない限り，これは個人的な文である．しかし，「私は，×××という根拠によって，日本人は英語が下手だと判断する」あるいは「私は，日本人は英語が下手だと考える．なぜなら〜」というように，何らかの根拠や理由を示せば，個人的な文章ではなくなる．
　つまり，大事なことは，個人的なことがらを述べているかどうかでなく，根拠を示しているかどうかである．自分が書こうとしているテーマに関連する先行研究を探し，その一部分をレポートの中に引用するとする．なぜ，その先行研究が自分のテーマに関連すると考えるのか．なぜ，その箇所を抜き出して引用するのか．引用された内容を，自分はどう解釈，評価するのか．そのプロセスすべてに書き手としての私の主観的な判断が，かかわっている．
　主観的な文章というのは，好き勝手に，あるいは，根拠なく感情にまかせて書いた文章といった意味ではない．個人的な，プライベートなことがらを語った個人的な文章という意味でもない．使われることば，引用する資料，話を進

める順番など，プロセスのすべてに，「書き手としての私の判断がかかわっている」文章という意味である．このように考えると「客観的なレポートや論文などありえない」という点にも共感していただけるのではないだろうか．

(2) 議論を俎上にのせる

自分の意見を読み手に伝えようとするプロセスにおいては，読み手にうまく意図が伝わらなかったり，意見が対立したりといったことが起こる．

ここでは，第6回を素材にこのことをみていこう．

研修第6回レポート

小野：日本人が英語が下手という一般論を出すのはいただけないか．
今田：一般論？
新野：そう一般論．自分の問題としてとらえられていない立場ね．大和君はどう？
大和：誰の考えかわからないから，書き手の問題意識も伝わってこないのかな．
新野：そうね．ここでは企業からのメッセージなんだけど，できるだけ，一人ひとりの顔のみえるレポートになるといいと思うわ．

第6回ひとりごとで武蔵は，「新野リーダーに振られて，僕は動揺した」と告白している（p.26）．新野に一般論を批判されたからである．これまで武蔵は，一般論こそレポートに相応しいもので，よいレポートとは，どこかの本から引用した文章や参考資料データを切り貼りした文章だと考えてきた．ましてや「一人ひとりの顔のみえるレポート」なんて，とんでもない．自分の問題意識や書き手の顔が前面に出た個人的で主観的な文章など，とてもじゃないがレポートとは呼べないと考えていたからである．

一般論がなぜレポートや論文に相応しくないかは，3(1)で述べたが，一般論に関連して，第6回ミーティングでは，次のようなやりとりもあった．

今田：でも，やっぱり日本人は英語が不得意だから，教育としては，英語が出来るようになったほうがいいんじゃない？
小野：どうして？
今田：<u>だって，みんなそう感じているんじゃないかしら．</u>
小野：それじゃ，議論にならないよ．
　（中略）
清村：だって，日本人は英語が下手だから．

> 小野：誰がそういうわけ？
> 清村：<u>だって，よくそういうじゃない．</u>
> 新野：「だれが？」っていうのが小野さんの質問よ．
> 清村：だれがって…．
> 新野：つまり，議論としては，日本人は英語が下手だっていう根拠が示されていないことがまず，問題なわけね．
> 小野：それから，今田さんがなぜこのことを問題にするのかがわからない．
> 清村：<u>でも，こういう文章って世の中にたくさんあるじゃない．</u>
> 小野：だから，そういうのはダメなんだよ，自分の立場がみえない文章は．リーダーがいうとおりに．

　第6回レポートを書いたのは今田である．ミーティングでの今田と清村の発言（下線部）をみると，今田と清村の2人にとって「日本人は英語が下手だ」という命題は，わざわざ出典とともに示すようなものではなく，世のなかの皆が知っている常識，別のいい方をすれば所与のものだと考えているようである．「所与のもの」というのは，「あらかじめ与えられている，議論の前提となる」といった意味で，考えたり議論したりする対象そのものではない．ある意見や命題は，所与のものとして提示された時点で不問に付され，議論の俎上には乗らなくなる．

　所与のものとして提示するという方法は，相手を説得するための文章において，ややもすると危険を伴う．なぜなら，読み手が「日本人とは誰か」「英語が下手とはどういう状況を指しているのか」「下手だとみなす根拠は何か」「日本にも英語が上手な人がいる」といった疑問や反論を持ったとしても，それはまったく受け付けない，議論の対象にはしないという，書き手の姿勢を示していることになるからである．

　事実，小野は「だって，みんなそう感じているんじゃないかしら．」という今田の応答に，「それじゃ，議論にならないよ．」と返している．「みんながそう感じている」と答えた時点で，書き手の責任から離れ，議論は止まってしまうからである．

　自分の意見を読み手に伝え，説得するためには，意見の対立を一つずつ乗り越えていくための土台づくりが必要である．「みんながそういっている」「普通

はそう思う」という提示の仕方は，議論の可能性を閉ざしてしまうという意味で，レポートや論文にはふさわしくない．

(3)「そう簡単にはいえない」

議論の可能性を閉ざすという意味で前節とつながるのが，「簡単にはいえない」というコメントである．再び，第6回レポートをみてみよう．

研修第6回レポート

　このことは母語を用いたコミュニケーションにおいても同じくあてはまる考えであろう．そのことを念頭において考えると，日本人が感じる母語が違う人との間におけるコミュニケーションの障壁は英語ができないことが問題であるのか，自分がいいたいことがわからないことが問題であるのか，がわかるのではないだろうか．

　これからは英語を学ぶことによって何か良いことがあると盲目的に行動することを止め，ただ単に英語力を育成することを目指すのか，より豊かな人生と人的ネットワークの増大を目指して自身のことばの力を育成するのかを考えるときなのである．

小野：最後の「より豊かな人生と人的ネットワークの増大を目指して自身のことばの力を育成する」というところが主張だと思うんだけど，その根拠がないよね．
今田：それはそう簡単にはいえない．
小野：ここのところの説得力がないと，なんか評論家的な感じがするな．

　「考えること」と「書くこと」を，それぞれ独立した行為だとすれば，今田は「より豊かな人生と人的ネットワークの増大を目指して自身のことばの力を育成する」という主張の根拠を頭のなかに持ってはいるが，それが言語化できていない段階であるとも考えられる．しかし，そのあとのやりとりを追っていくと，実は今田自身のなかでもまだ根拠ははっきりしておらず，迷っている状態であることがわかる．

　考えていることを，誰かに説明しようと思っていてことばに詰まる．日常的にみられる光景である．そのようなとき私たちは，「簡単にはいえない」「うまくいえない」などといってその場をしのぐことがある．しかし，よく考えてみると，それは実は，いえるかどうかというアウトプットの問題ではなく，「考えがない」という状態のことが多い．もし，そうであるなら，まずは粗々でよい

から，とにかくことばにしてみよう．他者との議論はそこから始まっていく．

4．全体を組み立てる

２と３では，「オリジナリティのある主張」「主張を裏付ける根拠」について考えた．では，これらをどのように仕立てれば，「わかりやすい構成」を備えた文章になるのだろう．

それを考えるために，ここでは，もう少し大きな単位，大きな流れに注目してみたい．

(1) 主張と事例を結びつける

小野は，外資系企業で働いた経験を持っている．その経験は，第3回レポートのなかで「自身の意見を相手に主体的に述べることが重要である」という主張につながっていく．

ここでは，主張と経験（事例）の結びつきを取り上げよう．

研修第3回レポート

> 私たちは母語，外国語を問わず，自分自身が仕事に対してどのような考えを持っているのか，自身の意見を相手に主体的に述べることを迫られているのです．そのことを身近に感じられた経験をしたのは，自身が外資系の企業で働いていたときです．オフィスの構成員は，多国籍でした．社内のカスタマーサポート事業を担当したとき，多く寄せられるトラブルは，互いの意見，目的が通じ合わず，問題が解決できないということでした．第三者が介入して，それぞれのことばを訳していくことには限界があります．私たちが主体的にビジネスを進めていくために，企業はいま，「国際化とことばの教育」について，考察していく必要があるのではないでしょうか．

清村：4段落目の「私たちは母語，外国語を問わず，自分自身が仕事に対してどのような考えをもっているのか，自身の意見を相手に主体的に述べることを迫られているのです」，ここはいい文ですね．
今田：でも，ここは，この後にある経験が主体的に述べることが必要だの裏付けになっていない気がする．理由に繋がるようにするのは？
小野：たしかに裏付けにするにはインパクトが足りないけど…

> **今田**：この経験が主体的に述べることが必要だ理由になっていない．

　第3回のミーティングで，小野の主張には，メンバー全員が共感したものの，その主張と外資系企業での事例とが，うまく結びついていないという指摘が出る．

　たしかに，第3回レポートの外資系企業での事例による記述からは，「国際化とことばの教育」を考察するとはどういうことか，その内実が具体的にはみえてこない．読み手によっては，「多国籍な構成員からなるオフィスで，通訳を介しの意思疎通を行っていくには限界がある．だから，企業は社員に対する英語教育に力を入れるべきである」といったように解釈する人もいるだろう．もしそうであるなら，そこでいう「ことばの教育」とは，すなわち「共通言語としての外国語教育」であり，それは多国籍な構成員からなる企業ならではのニーズということになる．

　しかし，小野が考える「ことばの教育」が，そのようなスキル教育ではないことは，つぎの発言から明らかである．

> **小野**：国際化ということばというと外国語がくっつきそうな気もするけど，それとは別にまた国際化によって自分の国のことばを見直す動きもあると思う．日本人であれば，日本語をもう一度考えるという機会を与えられる．他者のことばを考える場合と両方を視野に入れて考えたほうがいい．他者との接触が増えるということは自分とは何かを考える機会が増えるということ．拡散と進化が反映されたのが「国際化とコミュニケーション」ではないか．

　このあと数回のやりとりを経て，「ことばの教育」は第9回，第12回のミーティングでつぎのように収束する．

　第9回のミーティングでは，「国際化とことばの教育」が再び取り上げられ，企業のポリシーにもかかわる重要なことであると確認されている．しかし，依然としてその内実は具体的にはみえてこない．

> **新野**：最後の国際化とことばの学習では，企業において国際化するとはどのようなことか，そこでことばを学ぶとはどのようなことか．これらを結論として述べられるか，ということでしょう．具体的に，国際化とことばの学習というのは結局何なんだというのがわからないというのであれば，企業としてのポリシーに関わることを明確にすればいいということでしょうね．

第12回のミーティングでは，小野から，「具体を伴わないままで，「学習」や「教育」を主張しても弱いのではないか」という疑義が出される．そして，学習や教育にコミュニケーションのコンセプトに立ち返った方がよいという提案がなされる．

> **小野**：それから，もっとも大きいところは，ずっと「ことばの学習」ということで検討してきましたが，通して読んでみると，結局，「学習」とか「教育」ということが具体的にはどこにも説明されていなくて，これでは，主張として弱いということがわかりました．
> 　そして，企業が「学習・教育」を商品として売り出すということをいっているわけでもないことがわかりました．ですから，ここでは，思い切って，「学習・教育」という用語を使わないことにし，当初の「コミュニケーション」のコンセプトに立ち返って考えたほうがいいじゃないかと思ったわけです．ただ，「ことば」の問題は重要なのでこれは残し，「ことばとコミュニケーション」としてみました．

　これらのやりとりは第13回の最終レポートで，つぎのようにまとめられる．

研修第13回レポート

> 　以前，外資系の企業で勤務していたとき，私はこのことを強く感じた．多国籍の社員で構成されているその会社で，私は社員サポートを担当していた．社員の勤務上のトラブルをサポートするこの部署に，もっとも多く寄せられたトラブルは，互いの価値観，意見，目的が通じ合わず，共有された問題を解決できないというものだった．第三者が介入し，当事者それぞれの「ことば」を解釈し，訳していくには限界がある．問題を共有した当事者同士が，それぞれの視点から問題との関わりを描き出すことで，そこにある問題の姿が浮かび上がってくるのである．
> 　私たちはいま，母語，外国語を問わず，自分自身が仕事に対してどのような考えを持ち，なぜそう考えるのか，より個別化された自分について，相手に主体的に述べることを迫られている．そして，それぞれが自分のことばで表現し合い，そこに共有されるものを通して，私たちは新たな関係を構築していく．

　外資系企業で働いた経験は，当初，小野のなかでは「企業は「国際化とことばの教育」について考察していく必要がある」という主張と結びついていた．しかし，最終レポートではこの主張はみられない．これは，小野自身のなかで，「外資企業で働いた経験」という具体例から導き出される主張が，「ことばの教育の必要性」から，「自分が当事者として，自分のことばで表現していく．その

ためのことばが重要であると考えるなら，そこには，母語や外国語といった区別はまったく意味を持たなくなる」へと変化したためである．

　一つの具体的事例のどこに注目し，どう価値付けるか．それによって，同じ事例であっても，そこから導き出される主張はさまざまに異なる．事例と主張の関係が1対1でない以上，自分が事例のどこに注目し，どう価値付けるのか．その理由はなぜなのかを，読み手に対して，丁寧に記述していかなければならないのである．

(2) 2つを並べる

　このレポートでは，「国際化」の個人的側面と社会的側面の2つの流れが提示される．たとえば，第12回のレポートの出だしでは，つぎのようになっている．

研修第12回レポート

　いま，私たちの生活を見渡したとき，私たちは軽々と国境や地域を飛び越えて暮らしていることがわかる．私たちのまわりにはあらゆる国籍，地域の人，物，ことが溢れている．現在のこの状況を「国際化」という視点から眺めたとき，そこには二つの流れがある．

　一つの流れは，<u>世界全体の緊密化</u>という流れである．社会的な側面からみると，人・物・ことの交流が盛んになることによって，ある国，地域での出来事が及ぼす影響は，さらに広範囲に渡り，そのスピードもますます速まってきている．ある国での経済の悪化や，インフルエンザなどの伝染病の発生は，瞬く間に世界中に広まっていく．温暖化を含め，世界規模での問題の共有化，危機管理の国際化という認識なしでは，私たちが抱える問題はもはや解決することはできなくなっている．

　もう一つは，<u>より個別に，深化する流れ</u>である．メディアによる情報もさることながら，私たちはインターネットを通して，個々人の情報ネットワークを世界のあらゆる地域で築くことができる．

　レポートのもともとの出だしは，つぎのようであった．

研修第3回レポート

> いま，私たちの生活を見渡したとき，私たちは軽々と国境や地域を飛び越えて暮らしていることがわかる．私たちのまわりにはあらゆる国籍，地域の人，物，ことが溢れている．現在のこの状況を「国際化」という視点から眺めたとき，そこには二つの流れがある．
>
> 一つは，<u>より個別に，深化する流れ</u>である．メディアによる情報もさることながら，私たちはインターネットを通して，個々人の情報ネットワークを世界のあらゆる地域で築くことができる．SNSなどのソーシャルネットワークサービスでは，情報は個人の興味・関心を主体に収集され，国や組織を通さず，個人と個人の接点を通してもたらされる．こうしたネットワークによって，個人が手にする情報の量，幅は以前に比べて飛躍的に増大し，より個別化している．国際化ということばは，もはや特定の状態，状況を指すものではなく，現在の私たち一人ひとりの日常をある一側面で捉えたことばになっている．
>
> もう一つの流れは，<u>世界全体の緊密化</u>という流れである．社会的な側面からみると，人・物・ことの交流が盛んになることによって，ある国，地域での出来事が及ぼす影響は，さらに広範囲に渡り，そのスピードもますます速まってきている．
> （以下略）

2つのレポートを比較してみると，2つの流れの提示順が，入れ替わっていることに気付く．第12回レポートでは「世界全体の緊密化という流れ（社会的側面）」→「より個別に，深化する流れ（個人的側面）」の順で提示されているが，もともとの第3回レポートでは，逆の順で提示されていた．

2つの流れの提示順については，第3回のミーティングで，つぎのような意見が出されている．

> **新野**：最初，2つの流れをいっている．個人と社会の．ここがちょっと唐突な感じがする．そのパラグラフとの間に2〜3行，ちょっとつなぐことばがないと．いきなり，個人と，2つの流れが出てくるから．個別化と共有化．
> **小野**：この間に，2つをつなぐもの……．
> **新野**：2つの流れに持っていくための根拠のようなもの．国際化している，移動という問題が一般化してきていて，国境とか地域とかボーダーがどんどん薄れてきていることが前に書かれてますよね．だからこそ，全体での世界的規模でも国際化に対する認識をしなければならないというところはわかるけど，そこに2つの流れが

あるというときにどうしてなの？　という問いが出てくるから，タイトルが「国際化における個人と社会」だから，個人と社会についての関係のことについて触れて，だから2つの流れがあるといえばつながりがわかると思う．

　新野も他のメンバーも，「国際化」に個人的側面と社会的側面の2つの流れを見いだすことにはとくに異論は唱えていない．しかし，提示のしかたが唐突であること，なぜ個人と社会の2つなのかの根拠が薄いこと，というの2点が指摘されている．

　このあと，数回の研修を経て，第9回レポートに至るまで，2つの流れの提示順は変わっていない．しかし，第9回ミーティングで，全体の構成を話し合っている最中に，新野から次のコメントが出される．

新野：要するに，個人の問題と社会の問題の2つの側面がある．それをことばでつないでいくのである，ということ．それが企業においては，それをことばの学習に結びつけていくときに，スキルとして，習得，学ぶのではなく，問題を解決していく個，個に注目するということか．最後の4, 5行，そこ（「3. ことばの学習」の最終段落）がちょっと弱いのではないかしら？

　個人的側面と社会的側面，どちらの中心にも「個」が位置付けられ，それがことばの学習につながるという指摘である．この指摘を受けて，全体の構成の中で2つの流れをみていくなら，「個人的側面」→「社会的側面」という当初の提示順よりも，その逆のほうがつながりやすいという結論に至る．

（3）わかりやすく見せる

　この2つの流れについて，第3回レポートと第12回レポートを比較すると，提示順以外に次のような修正が加えられていることがわかる．

研修第3回レポート

　もう一つの流れは，世界全体の緊密化という流れである．社会的な側面からみると，人・物・ことの交流が盛んになることによって，ある国，地域での出来事が及ぼす影響は，さらに広範囲に渡り，そのスピードもますます速まってきている．（以下略）

> **研修第13回レポート**
>
> 　一つの流れは、「移動」とインターネットによる世界全体の緊密化という流れである．社会的な側面からみると，人・物・ことの交流が盛んになることによって，ある国，ある地域での出来事が及ぼす影響は，さらに広範囲に渡り，そのスピードもますます速まってきている．（以下略）

　最終レポートである第13回のレポートでは，「世界全体の緊密化という流れ」の前に，「「移動」とインターネットによる」という修飾節が加わっている．

　ところで，この２つの流れが紹介される前の部分は，つぎのとおりである．

> **研修第13回レポート**
>
> 　いま，私たちの生活とその周囲を見渡したとき，私たちは軽々と国境や地域を飛び越えて暮らしていることがわかる．私たちのまわりにはあらゆる国籍，地域の人，物，ことが溢れている．現在のこの状況を「国際化」という視点から眺めたとき，そこには２つの流れがある．
>
> 　一つの流れは，「移動」とインターネットによる世界全体の緊密化という流れである．（以下略）

　(2) でみたように，第４回のミーティングでは，２つの流れの提示のしかたが唐突であることの問題点が指摘された．上の引用箇所でいえば，「いま，私たちの」ではじまる最初の段落と「一つの流れが〜」ではじまる段落の間に，大きなギャップが感じられ，どうつながるのかがわかりにくいということである．

　武蔵は，最終レポートを仕立てるにあたって，「「移動」とインターネットによる」という修飾節を挿入した．

　ミーティングでのやりとりを踏まえて改稿を重ねることにより，主張が明確になり，論の展開が整ってくることがわかった．使われることばや内容の提示順にも変化が見られた．このプロセスのどこが内容の問題で，どこが書き方の問題なのか，その境目を見極めることは難しい．主張が明確になったかどうかは，書かれていることばから判断することしかできないし，使われていることばや提示順が適切かどうかは，内容を踏まえずに判断することはできない．この章の冒頭で，「考えること」と「書くこと」は表裏一体の営みであると述べた根拠は，ここにある．

5. 考えながら書く，書きながら考える

　この章では，完成版に至るまでのプ̇ロ̇セ̇ス̇に注目しながら，レポート作成を言語の観点からみてきた．

　頭のなかで考えていることは，他者にはみえない．「頭のなかには，オリジナリティのある主張がある」「ただ漠然と感じているわけではない．私の主張には，裏付けとなる根拠もある」とどれだけ気持ちを込めて繰り返したとしても，それがことばになっていなければ他者には伝わらない．

　オリジナリティのある主張をするというのは，新しいことばを創出したり，既存のことばに新しい意味を付加したりすることではない．いくら思いが込められたことばであっても，読み手に伝わらなければ意味がない．なぜならレポートや論文を書くというのは自分が考えていることを相手に伝え，相手を説得するという社会的な営みだからである．

　「考えがまとまらない」「書けない」と思ったら，立ち止まって腕組みをして考えるのではなく，まずは文字にしてみよう．「腕組みをして考え続けていれば，きっと，考えがまとまって一気に書ける瞬間がやってくる！」などと思っていてはいけない．最初から完成版が書けるはずはない．単語1つ，文1つからでかまわない．考えながら書き，書きながら考えていこう．

第4章
「形式」を決める

1. はじめに

　体験編のレポートは，社内研修を目的とし，ホームページ用に作成されたもので，書式や引用の仕方など，形式について細かいルールは決められていなかった．しかし，レポートや論文には特有の形式があり，書き手が守らなければならないルールがある．いくら内容が独創的ですばらしくても，形式が整っていなければ，レポートや論文として読み手に主張を伝えることは難しい．また，形式に目を向けることで，内容の未熟さに気付くこともあるだろう．ルールを意識することは，読み手を意識することである．なぜそのルールなのか，書き手である自分に求められていることは何かを考えることが大切であり，そうした理解のもとにルールを守ることで初めて読み手との対話のスタート地点に立つことができる．

　そこで，この章ではレポート・論文を書くときに最低限必要とされる一般的なルールについて解説し，体験編のレポート以外の例もとりあげ，「形式」からみて問題となる点を指摘する．ルールには専門分野によって多少の違いはみられるが，重視するポイントやその背景にある考え方を理解しておけば，自分が書く文章の種類に応じて，自身の執筆スタイルをつくることができる．なぜそのルールなのか，ルールを無視することで何が問題となるのかを具体例から考えていく．ここで取り上げるのは，タイトル，見出し，引用，注，文献リストの5項目である．

2. タイトル

　タイトルの付け方でその文章に対する印象は大きく変わってしまう．タイトルのできが悪ければ，読んでもらえないことさえあるだろうし，不適切なタイ

トルのせいで，本文の内容理解に困難が生じる場合もあるだろう．テーマを指定されたレポートにもタイトルは必要である．体験編のレポートにおいても，最初に与えられたテーマは「国際化とコミュニケーション」だった．これをキーワードとし，内容とともにタイトルが変わっていった過程を思い出してもらいたい．タイトルを考えることで，書き手自身がその文章でもっとも伝えたい内容をより明確に意識することができる．そういう意味で，いったん決めたタイトルも本文を書く過程で検討され続けることが望ましい．よりよいタイトルを考えることは，読み手を意識し，自身の主張を洗練させていくのに役立つ．

では，よいタイトルに必要な条件とは何だろうか．最低限必要とされるのは，本文の内容が容易に想像できることである．そのためには，だれに向けてどのような目的で書くのかを意識し，わかりやすい表現を選ぶ必要がある．たとえ，キーワードであっても，専門用語の使用は慎重に検討すべきである．文章の目的や種類に応じてさまざまなタイトルが考えられるが，テーマに対する書き手の立場や主張が簡潔に述べられていることが望ましい．タイトルには，同じようなテーマで書かれた他の文章と自分の文章を区別し，独自性を強調するという大事な役割があるからだ．学術的な文章や報告書などの硬い文章であっても，読む人の興味を引くための工夫が必要である．その文章の独自性が，新しさやおもしろさとして読者に伝わるとよいだろう．

以下はタイトルとしてあまりよくない例である．どこに問題があるのだろうか．

① 国際化とコミュニケーション
② ごみの分別問題について
③ 日本語教育における「活動型」と「教科書型」の授業の比較

①は，体験編レポートのテーマとして最初に与えられたものを，そのままタイトルにした例である．丸井部長からは，世界的な国際化の流れと，企業内，企業間のコミュニケーションの問題を検討してほしいという課題が出されていた．このような課題でレポートを書くときには，論点を絞りこみ，課題に対する問いを自分自身で設定し直し，その答えを結論としてまとめることが必要で

ある．タイトルは，その結論を踏まえ，自身の主張を反映させたものに変えるべきである．このままでは，課題に対して考えが深まっていないレポートとみなされてしまう．

②は，「ごみの分別」がテーマであることしかわからない．「問題」とあるので，ごみの分別について解決すべき課題があることは予測できるが，書き手がどのような立場で論じようとしているのかが不明である．ごみの分別が徹底されていない現状を批判したいのか，それとも，分別に伴う何らかの問題点を指摘したいのか，少なくとも書き手がごみの分別について何を問題だと考えているのかを示す必要がある．

③は「活動型」と「教科書型」の授業を比較することによって，何かを分析したいということはわかるが，肝心な分析の観点が示されていない．さらに，「活動型」と「教科書型」の定義が不明なので，タイトルからは2つの授業を比較していることしかわからない．タイトルに必要な情報は何か，読み手の立場にたって再考し，使用することばを吟味すべきである．

以上を踏まえて①〜③の修正案を考えてみよう．

❶ 国際化におけることばとコミュニケーション―個人共生型企業の実現へ向けて
❷ ごみの分別細分化に関する問題点―自治体へのアンケート調査をもとに
❸ 日本語学習者は「活動型」の授業で何をリソースとして学ぶのか―教科書を用いた授業との比較

3. 見出し

本文は，章，節，項などのセクションに分けて執筆し，それぞれに見出しを付ける．適切な見出しが付いていれば，読み手は文章の構成やキーワードを事前に把握することができ，本文の内容理解に役立つ．一方，書き手にとって，適切な章立てと見出しを考えることは，書き手自身のいいたいことを整理し，論理的にまとめあげていく過程として大変重要である．本文を書きはじめる前，書いている間，書き終わったあとの各段階で，見直し，調整を行うとよい．体

験編でも，目次を作成し，各章を書いていく過程で適切な見出しに修正し，最終的に文章全体の構成を考え，大きく変更を加えている．

見出しの付け方としては，「問題の所在」「調査方法」「考察」「結論」のように，本文の内容的な枠組みを見出しにする場合と，体験編のように（研修第12回を参照），書き手の主張や論旨が読み取れる具体的な見出しを付ける場合がある．内容の枠組みを表す見出しは，その分野で書式として決められている，あるいはパターンとしてよく使用されるものであり，こうした見出しを使用することで，書き手は自分がきちんとルールにのっとって書いていることを示すことができる．ルールに慣れている読み手には何がどの順番で書かれているのか予想がつくので，読みやすいものといえるだろう．しかし，このような枠組みの見出しだけでは，書き手が主張したい具体的な内容はみえてこない．枠組みの見出しを用いる場合でも，その一つ下の階層の見出しでは，そのセクションの実質的な内容を表す見出しが必要となる．

このような具体的な見出しの付け方は，基本的にタイトルの付け方と同じように考えればよい．ただし，タイトルはそれだけで完結したものであるが，見出しの場合は，章や節の見出しが集まって，文章の論理的な構造を示すものであるということを考慮する必要がある．見出し間の抽象度をそろえて階層構造を明確にし，見出しを拾っていけば，文章全体の論旨が理解できるようなものにすることが望ましい．

また，見出しに番号をつける例として，下記のようなものがあげられる．雑誌に投稿する場合は，各誌の指定にしたがって書くことになる．

第1章	1.	1
第1節	1.1.	1-1
第2節	1.2.	1-2
⋮	⋮	⋮
第2章	2.	2
第1節	2.1.	2-1
第2節	2.2.	2-2
⋮	⋮	⋮

> 1.1.1.1.1. や 1-1-1-1-1 のように，数字が多く並ぶのは好ましくない．3桁ぐらいにとどめたほうがよい．

以下の見出しの問題点は何だろうか．

```
A
第1章　はじめに
　　第1節　国際化における個人と社会
　　第2節　企業における「ことば」
　　第3節　ことばの学習
第2章　なぜ英語なのか
第3章　・・・・・・・・・・
```

　これは，体験編レポートの各章を担当者が書きこんでいくときに，最初に付けられた見出しである．研修第9回で各章をつなげて，全体として見直したとき，見出しの問題がはじめて明らかになった．第1章で何らかの問題設定を行うつもりであることはわかるが，節の見出しを読んでも，論点が推測できない．とくに，企業とことばの学習がどう結びつくのか，第2節と第3節のつながりがみえない．さらに，第2章が「なぜ英語なのか」という見出しになっているので，こちらのほうがレポート全体の問題提起をしているようにもみえる．第1章の問題提起としての位置付けが見出しからわかるように修正すべきである．

```
B
第1章　・・・・・・・・・・
第2章　ごみの分別に関するアンケート調査の結果
　　第1節　A市の調査結果
　　第2節　B市の調査結果
　　第3節　ごみの過剰な分別による弊害
第3章　C市での画期的な取り組み
　　第1節　C市の調査結果
　　第2節　C市のごみ減量対策
第4章　・・・・・・・・・・
```

　第2章の見出しが「ごみの分別に関するアンケート調査の結果」となっているのに，C市の調査結果だけが第3章に入れられている点が問題である．第2章でA，B，C市の調査結果についてまとめて報告するか，あるいはA，B市の結果とC市の結果に違いがあることを示したいのなら，その対立がわかるような章立てに変更すべきである．

```
┌─C──────────────────────────────────┐
│ 第1章　・・・・・・・・・・             │
│ 第2章　・・・・・・・・・・             │
│ 第3章　結果                         │
│ 　第1節　活動型授業でのリソース         │
│ 　第2節　教科書型授業でのリソース       │
│ 　第3節　日本語学習者にとってのリソースとは │
│ 第4章　考察                         │
│ 第5章　・・・・・・・・・・             │
└────────────────────────────────────┘
```

　第4章に節の見出しが設定されていないので，「結果」から何がいえるのか，もっとも重要な部分が読み取れない見出しになってしまっている．「考察」の観点や結果の解釈を表す内容を見出しにする必要がある．また，第3節の見出しに「日本語学習者にとってのリソースとは」ということばの定義を表す文が入っているのも不適切である．直前の節でリソースに関する調査結果をすでに提示しているので，リソースそのものの定義がなされないまま調査が実施されたと読み取られてしまう．結果を踏まえて，リソースに関する新たな考えを述べたいのなら，章を変え，結論やまとめとして，その新たな考えを表す具体的な見出しを付ける必要がある．

　以上を踏まえてA〜Cの修正案を考えてみよう．

```
┌─A´─────────────────────────────────┐
│ 第1章　企業における新しいコミュニケーション観の確立へ │
│ 　第1節　国際化における個人と社会                │
│ 　第2節　企業におけることばとコミュニケーション      │
│ 　第3節　自分の「考えていること」を表現できる企業    │
│ 第2章　能力主義から対話主義へ                   │
│ 　第1節　能力主義の問題点と限界                 │
│ 　第2節　企業で自分のテーマを発見する             │
│ 　第3節　対話がもたらす意味                    │
│ 第3章　・・・・・・・・・・                      │
└────────────────────────────────────┘

┌─B´─────────────────────────────────┐
│ 第1章　・・・・・・・・・・                      │
└────────────────────────────────────┘
```

第2章　ごみの過剰な分別による弊害
　　第1節　A市の問題点
　　第2節　B市の問題点
　第3章　ごみの分別を簡素化したC市の取り組み
　　第1節　C市のごみ分別方法
　　第2節　C市のごみ減量対策
　第4章　・・・・・・・・・

C′
　第1章　・・・・・・・・・
　第2章　・・・・・・・・・
　第3章　結果
　　第1節　活動型授業でのリソース
　　第2節　教科書型授業でのリソース
　　第3節　まとめ
　第4章　考察
　　第1節　リソースの多様性と学習者による選択
　　第2節　仲間との相互作用がもたらす人的リソース
　第5章　・・・・・・・・・

4. 引用

　この本では，「いいレポート」のポイントを「オリジナリティのある主張」「主張を裏付ける根拠」「わかりやすい構成」としたが，自分の意見を支持するものを引用することで，主張の論拠を示したり，また，反対の意見を引用し，批判することで，自分の主張のオリジナリティを示したりすることができる．その意味で，「いいレポート」を書くにあたって引用は重要な役割を担っているといえるだろう．

　引用の際には，その出典を明らかにしなければならない．出典を示すことにより，読み手はその出典にあたって確認することができ，自分の主張をめぐる議論がより充実したものになる．また，引用した資料の著作権や出版権を擁護する意味でも出典の明記は必須である．

引用するときに注意すべきことは，自分の意見と引用との区別を明確にすることである．自分の意見と他人の意見を混同した書き方になれば，せっかくのオリジナリティが損なわれてしまう．また，他人の考えを自分のもののように書いてしまうと，著作権の侵害という犯罪になるので気を付けなければならない．引用をしすぎるのも避けた方がよい．引用ばかりで自分の意見は数行では，オリジナリティのある文章にはならない．引用は，自分の主張を強固にするために必要なものを，最低限するようにしたい．そのためにも，なぜその文章を引用するのか，引用した意見について自分はどう考えているのかがわかるような記述を心掛けたい．

(1) 引用が短いとき

　短い引用は「　」で括り，出典を示す．出典の必要な情報は，引用文献の著者名，刊行年，引用した部分の掲載されているページである．

　　例1)　青木（2001）は，ポスト東西冷戦下の状況では「文化をうまく理解して対処しないと政治や経済も動かない」（p.4）と述べている．

> ページは，小文字の「p」にピリオドを打つ形で示す．大文字やピリオドのつけ忘れに注意する．

　　例2)　ポスト東西冷戦下の状況では「文化をうまく理解して対処しないと政治や経済も動かない」（青木，2001，p.4）．

(2) 引用が長いとき

　長い文を引用するときは，引用の部分を改行して，行頭を2文字分下げて書く．本文のとの間にスペースをとるとより見やすくなる．

　　例)　……吉見（2000）は文化を以下のように捉え直す必要性を主張する．

　　　　文化をすぐそこにあり，固有の内容を含んだものと見なすところから出発するのではなく，近現代におけるこの領域の存立そのものを問い返すこと．文化を政治から切り離せる固定的な領域と見なすのでも，またそうした経済や政治に従属的な表層の秩序と見なすのでもなく，むしろ権力が作動し，経済と結びつき，言説の重層的なせめぎあいのなかで絶えず再構成されているものとして問題化していくこと．(p.2)

このように政治的，多元的，動態的なものとして文化を再定義することにより，異文化コミュニケーションにおける文化の意味も大きく転換が迫られる．……

(3) 要約して引用するとき

　要約の場合も出典を明記する必要がある．ただしページは省略してもかまわない．要約は，自分の言葉でまとめて記述する．そのまま引用する場合は必ず「　」で括り，ページ数を示さなければならない．引用する際は，自分の意見と引用文献の内容とが明確に区別できるように書く．

　例1）　青木（2001）によると，儀礼は，社会の文化の統合性を維持，強化する役割を担っている．

　例2）　儀礼は，社会の文化の統合性を維持，強化する役割を担っている（青木，2001）．

(4) その他のルール

1）複数の著者がいる場合

著者が2人の場合は

　例1）　田中・佐藤（2009）は「……」(p.34) と述べる．

　例2）　「……」（田中・佐藤，2009, p.34）．

著者が3人以上の場合は

　例1）　田中他（2009）は「……」(p.13) と述べる．

　例2）　「……」（田中他，2009, p.13）．

> 著者が3人以上いる場合は，代表著者のみを記述し，あとの著者は省略することができる．ただし，文献リストでは，全員の名前を記述する．

2）複数の文献を参照する場合

同じ著者の文献を複数提示する場合は

　例1）　田中（1999, 2001, 2003）によると……である．

　例2）　……ことがわかった（田中，1999, 2001, 2003）．

異なる著者の文献の場合は

例）　……が明らかにされた（田中，1999；佐藤，2002）．

> 著者が異なる場合は，「；」で区切る．

３）引用が複数のページに及ぶ場合

例）　「……」（田中，1999，pp.14 -15）．

> 複数のページにまたがって引用する場合，「pp.」を使う．なお，「pp.」とは「page to page」の略である．

４）同一ページの複数箇所から引用する場合

例）　田中（1999）は，「……」とし，「……」を主張する（p.72）．

５）欧文文献を引用する場合

例）　James（2003）によると……．

６）邦訳書を参照する場合

例）　…とわかった（James，2003（田中他訳，2005）p.93）

７）一部を省略する場合

例）　田中（2009）は「……（中略）……」（p.66）と述べている．

８）指示語の内容をわかりやすくする場合

例）　吉見（2000）は「もはや生産力や生産関係の概念をこうした狭い範囲［工場での単純労働のモデル］に閉じ込めておくことはできない」（p.23）と主張している．

> 「これ」，「あの～」「前者」などの指示内容を明確化する場合，［　］の中に，指示内容を記す．

９）下線や傍点により引用文の一部を強調する場合

例１）　「現代は，民族大移動の時代である」（青木，2001，p.169，下線は筆者）といわれている．

例２）　青木（2001）によると，「現代は，民族大移動の時代である」（p.169，傍点は筆者）．

10）外国語や古語の文献を翻訳して引用する場合

例）　Brown（2007）は「……」（p.99，原文英語，訳は筆者）としている．

11）インターネット上の資料を引用する場合

　現在，政府機関の統計資料など，さまざまな情報がオンラインで公開され，インターネット上の資料を引用することも多くなっている．インターネット上の情報は，信頼性の疑わしいものもあり，日々更新されるために，後から確認することが難しい場合もある．情報源の信頼性確認を心がけたい．

12）引用文の引用に関して

　他の著者が引用しているものを間接的に引用することは避け原著にあたるようにする．ただし，絶版などの理由で原著にあたることが困難な場合は，間接的な引用であることがわかるようにする．

　下記の引用の問題は何だろうか．

---A---
　アイデンティティとは，個人と社会をつなぐ架け橋のようなものである．つまり，「わたし」とは何者であるかを考えること，そして「わたし」はどのような立場にあるのか，という問題に関わっている．
　「アイデンティティ」に関してある者はこのように述べている．ここでの…

　これは，研修第12回レポート（p.80）の抜粋である．この引用は，第13回のレポートでは削られているが，大きく2点の問題がある．まず，「ある者はこのように述べている」という記述から，前の段落が引用であることがうかがわれるが，本文と区別されていないため，「ある者」のことばをそのまま引用しているのか，要約して引用しているのかわからないくそのまま引用しているのなら，行頭を2文字分下げて，引用であることを明示する必要がある．

　つぎに，「ある者」では，だれのことばの引用かがわからない．引用を明記する意味には，読み手が原典にあたれるようにすることがある．だれが，いつ，どこに書いたものかを明確にしなければならない（読み進めるとそれが河口（1997）のものであることがわかるが，その記述の問題は，後述の「文献リスト」を参照のこと）．

---B---
　細川（2002）が主張するように日本語教育において思考と表現を一体的に学ぶことが重要である．考えていることを表現することを通じて，ことばは学ばれてい

第4章「形式」を決める

く．そのために学習者が主体的に日本語を学ぶ，「学習者主体」の日本語教育を構築しなければならない．そのために，総合活動型日本語教育を提案する（細川 2002）．

　Bの文章の引用の問題は，筆者の主張と細川（2002）の主張の境界が曖昧になっていることである．提案しているのは，筆者なのか，細川（2002）なのかがわからない．引用は，自分の主張と他人の主張の区別を明確にするためのものでもある．引用と自分の主張が混同されるような書き方は避ける．

C

細川（2002）は，日本語教育において思考と表現を一体的に学ぶことが重要であると主張している．そのために，細川（2002）は，「学習者自身が自分の『考えていること』を発信すること」（p.218）を中心とした総合活動型日本語教育を提案している．学習者の「考えていること」を中心とした，学習者主体の学習により，思考と表現は総合的に学ばれ，社会で他者と関係を取り結ぶためのコミュニケーション能力が育成されうると細川（2002）は述べる．このような思考と表現を統合したコミュニケーション能力の育成が日本語教育の新しい目標となるのである．

　Cの文章は，Bのように細川（2002）のことばと筆者自身のことばの境界が曖昧になるような記述はない．C′の問題は，文章全体が細川（2002）の主張をなぞっているだけで，筆者自身の主張が書かれていないことである．引用は，自分自身のオリジナリティのある主張を述べるために行う．自分の主張を補強する理論を引用する，自分の主張と異なる先行研究を批判的に検証するなど，引用にはさまざまなケースがあるが，この点は共通である．Cのように引用文の主張を紹介し，それをなぞるにとどまるようなレポートは，オリジナリティのあるレポートを書くためには避けなければならない．

　これを踏まえて修正をしてみよう．A′は河口（1997）のことばを直接引用しているとするとA′のように書くことができる．

A′

河口（1997）は，このように述べている．

　　アイデンティティとは，個人と社会をつなぐ架け橋のようなものである．つまり，「わたし」とは何者であるかを考えること，そして「わたし」はどのような立場にあるのか，という問題に関わっている．（p.187）

ここでの…

　B，Cの例は，2つの方向で修正が可能である．まず，Bを引用文の主張を土台として，自分の理論を展開する形で修正してみよう．

B′
　細川（2002）は，日本語教育において思考と表現を一体的に学ぶことが重要であると主張している．そのために，細川（2002）は，「学習者自身が自分の『考えていること』を発信すること」（p.218）を中心とした総合活動型日本語教育を提案している．だが，その実際の教室活動において，学習者が「考えていること」を表現することで，どのように言葉が学ばれているのか，その過程は十分に明らかにされていない．本稿では，細川（2002）の提案する総合活動型日本語教育の教室活動において，学習者がどのようにことばを学んでいるのか，その過程を明らかにする．

次にCを引用文を批判的に検討し，自分の理論を展開するよう修正してみる．

C′
　学習者の「考えていること」を中心とした，学習者主体の学習により，思考と表現は総合的に学ばれ，社会で他者と関係を取り結ぶためのコミュニケーション能力が育成されうると細川（2002）は述べる．しかし，「考えていること」を表現することのみで，社会で他者との関係を取り結ぶためのコミュニケーション能力が身につくとは考え難い．他者と関係を構築するためには，他者の「考えていること」を理解する能力，他者と意見を調整する能力など，多様な能力が求められる．このように他者と活動をともにしていくための多様な能力を視野に入れて，社会で他者との関係を取り結ぶためのコミュニケーション能力を考えていく必要がある．

5．注

　レポートを書いていると，「中心となる議論ではないが，関連することがらを説明したい」ことがあるだろう．このような場合，どうしたらいいだろうか．解決方法の一つとして，「書きたいことは本文にすべて書いてしまう」というのもあるにはあるだろう．しかし，あまり細かい点まで書くと，本文の流れが悪くなり，ひいては，主張がわからない文章となってしまう．そうならないためにも活用したいのが注である．本文では説明できないが述べておきたいことがらを，議論の流れを妨げずに説明するのが注である．注には，大きく2つの役

割がある．一つは，本文に書いた情報の出典を補う役割であり，もう一つは，本文中の用語説明や関連事項を説明する役割である．次節 6 で取りあげる文献リストをつける場合は，文献リストが前者の役割を担う．いずれも注意したいのは，注が担う内容は，必要ではあるがサブの内容であるという点である．メインとする内容ならば，論点から少々離れたとしても，本文に書くべきであるし，書き加えるべく文章を練り直す必要がある．いたづらに，必要のない注をつけると，そのレポートの評価にも影響しかねない．どのような内容を注とするか．注をつける作業は，本文を吟味することにもなる．

　注の主な書式としては，脚注と後注がある．脚注は，本文の各ページの下部に注欄を設ける形式である．脚注には，読み進めながらその場で注にあたれるというメリットがある．ただし，注が多い，あるいは，長い場合は，脚注欄がページの多くを占めることとなってしまうため適さない．そのような場合は後注がいいだろう．後注とは字面のとおり，本文の後，多くの場合は文献リストの手前に注欄を設ける形式である．脚注のように，読み手が注にあたりやすいというメリットはないが，注が多くなっても，各注が長くても問題がない形式であり，注としてもっとも一般的な形式である．

　注番号は通し番号とし，本文中に［1)］のように注番号を示す．注番号は右肩上に小さな数字でつけるのが一般的である．脚注の場合は，脚注欄に［1）注の内容．］の形式で箇条書きにする．後注の場合は，見出しを［注］として，［1）注の内容．］の形式で箇条書きにする．

例

　……3-1 節で述べたコーパスから，「ません」「ないです」「なかったです」の文字列を含むデータを抽出した．これにより，586 例[2)] の述語否定形がえられた．……

　　　注
2) ただし，次の例は除いた．
　　a)「ございません」「おりません」など，「～ないです」では用いられない動詞．
　　b) あいさつ語としての「すみません」，および，「すいません」．
　　c)「～じゃありませんか」「～じゃないですか」の形で複合助辞として用

いられているもの. (小林, 2005, p.12, 17)

　このほか，注番号にはいくつかの表記方法がある．雑誌に投稿する場合は，各誌の指定する表記方法に従って書くことになる．

6. 文献リスト

　本文においてさまざまな文献（書籍や論文，ウェブサイトなど）に言及，引用することがあるだろう．その際には，情報源（出典）を明らかにすることが必要である．そして，出典を明記するために用意するのが，レポートのもっとも後ろにつける文献リストである．4でもふれたが，出典を明記しなければならない理由は，大きく2つある．一つは，著作権の問題である．著書，論文，新聞記事やウェブサイトなど，あらゆる文章は著作権で保護されている．正しい方法を用いて言及，引用し，その出典を明らかにすることは，自分の意見と他人の意見を区別し文章を書くことであり，書き手の義務でもある．もう一つは，読み手が検証できなければならないためである．書かれている内容に問題がないか，読み手が出典をたよりに確認できることが必要である．そして，内容の確認のみならず，読み手がより深く知りたいと思ったときに，文献リストがあれば，さらに調べることも可能になる．第11回ミーティングで丸井部長が，「ちゃんと引用として文献名を示さないと，泥棒になっちゃうぞ」といっていたのは，このような理由からである．

　文献リストには，本文で言及，引用した文献についてのみ，出典を記述することがルールである．本文と直接関係していない文献，本文において何ら言及していない文献を載せることは，上に述べた読み手の検証可能性という点からも問題がある．不必要な文献をリストに加えることにより，読者を混乱させ，本文自体の信憑性が問われることにもなる．

　第12回レポートを例に，文献リストについて考えてみよう．まず，他人の文章を引用している部分があるか探してみると，4つの引用部分（p.70, 74, 75-76, 76) がみつかる．引用するということはそのまま，文献リストを準備し出典を記さなくてはならないことを意味するわけだが，そもそもこのレポートに

は，文献リストが付けられていない．2つ目の引用に対しては，節の終わりに出典が示され，また，3つ目と4つ目の引用は，著者が同じであるが発行年が異なることから，別の文献からの引用であることがわかる．よって，それぞれに出典を記すことになる．読み手が情報源にあたり検討するためにも，これらを文献リストにまとめるのがルールである．

　第12回レポートで文献リストが必要な箇所を確認したが，では，出典の具体的な記述には何かルールがあるのだろうか．出典の記述には，唯一のルールはない．専門分野によってさまざまな方法があり，それゆえ，特定の雑誌に投稿する場合は，各誌の指定する記述方法にしたがって書くことになる．和文書籍（単著）を例として，異なる専門における記述例をみてみよう．

　例1）　柴谷方良（1978）『日本語の分析』東京：大修館書店.
　例2）　小熊英二，1995,『単一民族神話の起源——〈日本人〉の自画像の系譜』新曜社.
　例3）　勝野頼彦（2004）高大連携とは何か．学事出版，東京

　このように，必要な項目やその記載順，記号の使い方などにおいてさまざまな違いがあるわけだが，もっとも重要なことは，読み手が情報源にあたれるように，必要情報を漏らさずに記載することである．ここでは，記述方法の基本的な形を確認しておこう．

(1) 和文書籍（単著）

> 著者名（出版年）．『書名―副題』出版社名.
> 編者名（編）（出版年）．『書名―副題』出版社名.

　例1）　舘岡洋子（2005）．『ひとりで読むことからピア・リーディングへ—日本語学習者の読解過程と対話的協働学習』東海大学出版会.
　例2）　細川英雄（編）（1999）．『日本語教育と日本事情—異文化を超える』明石書店.

（編著者の場合も（編））

(2) 和文書籍（共著）

> 第一著者名・共著者名（出版年）．『書名―副題』出版社名.

　例1）　宮島喬・梶田孝道・伊藤るり（1985）．『先進社会のジレンマ』有斐

閣.

例2） 杉本良夫／ロス・マオア（1995）.『日本人論の方程式』筑摩書房.

> 共著の場合は，著者名を「・」で区切る．ただし，著者名に「・」を含むものがある場合のみ，全角スラッシュ「／」で区切る

(3) 和文雑誌

著者名（出版年）．論題—副題『雑誌名』巻（号），論文の初ページ-終ページ．

例1） 佐久間鼎（1941）．構文と文脈『言語研究』9, 1-16.

(4) 英文

Author, A., B., & Author, C. (出版年). *Booktitle : Subtitle. Place* : Publisher.

例） Ekman, P., & Friesen, W. V. (1978). *Facial Action Coding System : A technique for the measurement of facial movement.* Consulting Psychologists Press.

(5) 邦訳書

著者カナ，A・著者カナ，B・著者カナ，C. 訳者名・訳者名（訳）（出版年）．『書名—副題』出版社名．(*Booktitle : Subtitle.* 出版年.)

例） ブレックマー，E. A. 松山義則・濱治世（訳）(1998).『家族の感情心

> 著者と訳者の間は全角空白を1つで区切る

理学』北大路書房． (*Emotions and Family : For better or for worse.* 1990)

> 参考として，原書名と出版名を書くとよい

(6) 新聞の文書

著者名．記事タイトル『新聞紙名』（出版年月日，朝夕刊）．

例） 人権救済制度 メディアへは任意調査で『東海新聞』(2001年5月12日，朝刊).

(7) インターネット上の資料

> 著者名(公表年または最新の更新年).当該情報のタイトル―サブタイトル(URL,アクセス年月日).

> 例) 宇留須健太(2001).雪の花の謎は解けるか(http://www1.odn.ne.jp/kentaurus/snow.htm,2010年1月31日).

(8) CD-ROMなどの電子メディア

> 著者名(出版年).タイトル―サブタイトル(出版社,CD-ROM).
> タイトル―サブタイトル(出版社,出版年,CD-ROM).

> 例) 新潮文庫の100冊(新潮社,1995,CD-ROM). ← 特定の著者がいない場合の記述

以下の文献情報の問題点は何であろうか.

① (参考) 河口和也,1997,「懸命にゲイになること―主体,抵抗,生の様式」『現代思想』青土社.

これは,体験編の第12回レポートに示されている文献情報である.まず,このような文献情報は,レポートのもっとも後に文献リストとして,まとめて記述するのがルールである.よって,「(参考)」は書く必要がない.また,『現代思想』は和文雑誌であるから,「巻(号)」と「論文の初ページと終ページ」の情報も記載しなくてはならない.文献情報が2行以上にわたる場合は,2行目以降をインデントするなどして見やすくすることが大切である.

② 西園寺克(2009).インフルエンザの治療法(http://allabout.co.jp/gm/gc/2028/,2010年2月12日).

URLのハイパーリンク(下線)は削除しなければならない.

③ Ping, L., & Shirai, Y. (2000). *The Acquisition of Lexical and Grammatical Aspect*. Mouton De Gruyter.

共著の場合,著者の姓名の記載順を統一しなければならない.これらを踏まえて修正してみよう.

❶ 河口和也（1997）．懸命にゲイになること―主体・抵抗・生の様式『現代思想』3月号，186-194．

❷ 西園寺克（2009）．インフルエンザの治療法（http://allabout.co.jp/gm/gc/2028/，2010年2月12日）．

❸ Li. P., & Shirai, Y.（2000）．*The Acquisition of Lexical and Grammatical Aspect.* Mouton De Gruyter.

最後に，文献リストの形式について確認したい．まず，「文献」と見出しを設けよう．つづく文献リストの形式には，和文文献と和文以外の文献を分けて配列する形式と，使用言語を区別せずに配列する形式がある．前者は，和文文献を著者別50音順に記述する．和文文献に続けて，和文以外の文献をアルファベット順に記述するという形式である．後者は，第1著者の姓のアルファベット順に記述するという形式である．では実際に，第12回レポートの文献リストを整えてみよう．

文献

河口和也（1997）．懸命にゲイになること―主体・抵抗・生の様式『現代思想』25(3)，186-194．

パウロ・フレイレ　小沢有作・楠原　彰・柿沼秀雄・伊藤　周（訳）（1979）．『被抑圧者の教育学』亜紀書房．（*Pedagogia do Oprimido.* 1970．）

パウロ・フレイレ　里美　実・楠原　彰・桧垣良子（訳）（1982）．『伝達か対話か―関係変革の教育学』亜紀書房．（*Educação como Pratica da Liberdad.* 1967，*Extensión o Comunicasión.* 1968．）

三宅なほみ（1997）．『インターネットの子どもたち』岩波書店．

この章では，レポートの形式について考えてきた．レポートの形式を整える際には，以下の本も参考となるだろう．

河野哲也（2002）．『レポート・論文の書き方入門 第3版』慶應義塾大学出版会．

佐渡島沙織・吉野亜矢子（2008）．『これから研究を書くひとのためのガイドブック』ひつじ書房．

細川英雄（2008）．『論文作成デザイン―テーマの発見から研究の構築へ』東

京図書.

なお,さまざまな記述方法がある文献リストのさらに詳しい書式については,以下を参照するとよいだろう.

　藤田節子(2009).『レポート・論文作成のための　引用・参考文献の書き方』日外アソシエーツ.

第4章の参考文献
青木　保(2001).『異文化理解』岩波書店.
小林ミナ(2005).日常会話にあらわれた「〜ません」と「〜ないです」『日本語教育』**125**,9-17.
細川英雄(2002).『日本語教育は何をめざすか—言語文化活動の理論と実践』明石書店.
吉見俊哉(2000).『カルチュラル・スタディーズ』岩波書店.

なぜ対話プロセスを体験するのか──あとがきにかえて

　人は何かものを書こうとするとき，テーマを必要とする．テーマがなければ，ものは書けない．この場合のテーマというのは，自分のなかにある「書きたいこと」だ．しかし，その「書きたいこと」が直ちに自分にとって明らかになっているわけではない．だから，思ったことを好きなように書きなさいといわれても，白紙の原稿用紙を前にして何を書いたらいいのかわからないということになる．「文章を書かされる」不幸はここにあるといっていい．

　したがって，ものを書こうとするときには，まず自分のテーマを発見することが重要なのだが，このテーマの発見の仕方について書かれたものは，今までほとんどなかった．というよりも，この主題を書くということ自体が不可能なのかもしれない．なぜなら，それは，個人一人ひとりの体験知であって，他者にみせようとした瞬間に「作り物」になってしまうからだ．

　だから，このテーマの発見そのものにはふれないようにして，文章作成の技術やスキルとしてその方法を記述・解説するという本がそれこそ星の数ほど出版されている．しかし，そうした技術やスキルを習得しようとすればするほど，テーマの発見は自分から遠ざかってしまう．なぜなら，技術とスキルを身につければ文章が書けると思う自分は，テーマを発見しようとする自分とは正反対の方向に走り出すからだ．つまり，テーマを発見するという行為のめざすところは，あくまでも自分の内側のはずなのに，技術やスキルは自分の外側にあるので，これを目的にして追い求めると，どんどんうすっぺらな思考の表層を上滑りすることになるからだ．

　では，内側に向かって求心的に自分を掘り下げていくと，テーマは発見できるのか．

　残念ながら，「書きたいこと」は初めから自分にとって明確であるわけではない．しかも，自分をどんなに掘り下げようと思っても，自分そのものの深さなど，わかりようもない．

　だからこそ，他者とのやり取りが必要になるのである．

　この他者とのやり取りが対話と呼ばれるものだ．対話によって，わたしたち

は自分と相手との間に，それぞれのテーマを発見する糸口を見出すことができる．

　この対話のプロセスを追体験できるように構成したのが，この本である．

　この本は，その意味で，これまでの文章作成法やレポート執筆マニュアルを180度転換させる革命的な発想によっている．しかし，最終的には，すべては読者一人ひとりの自分のなかにある問題なので，この本をどのように活かすかは，この本を手に取ったあなた自身にゆだねられているといっていい．

　この本では，読者のイメージづくりのために，登場人物を設定し，レポート作成現場を描いている．主人公として登場する大和武蔵君による記述が体験編としてまとめられている．彼は，『実践「日本事情」入門』（大修館書店，1994年）に登場する大和ゆかりさんの長男であり，『研究計画書デザイン』（東京図書，2006年）の大和百合さんの弟である．それぞれの時期，それぞれの場面で生活と仕事を結ぶ3人の営みは，この家族の歴史でもある．

　ただ，このような大和武蔵君の体験だけで独りよがりになってはいけないと思い，こころがけたのが，異なる視点からの複数の合意によってこの本をつくるということだった．同僚の舘岡洋子さんと小林ミナさんとの共同編集という形態はそのことを意味している．あわせて広瀬和佳子，舩橋瑞貴，三代純平の3氏に，若手研究者の立場からの分担執筆をお願いしたのも同じ趣旨である．また，体験編のデータは，勤務先の早稲田大学大学院日本語教育研究科の2009年度春学期・言語文化教育論演習（参加メンバー：高橋聡・森林謙・渡貫善華・李玲芝）での半年間の議論がもとになっている．そのほか，個性ある人物挿絵を書いてくれた鄭京姫さんをはじめ，同研究科の院生諸君にはいろいろなところでお世話になった．すべては，こうした共同・協働作業の賜物である．

　最後に，この冒険的な試みを懐深く受け入れてわたしたちの面倒な注文にも快く対応してくださった朝倉書店編集部に編著者を代表して謝意を表したい．

　2011年5月

編著者を代表して　細 川 英 雄

索　引

ア行

アイデア　100, 118
アドバイス　123

いいレポート　102, 116
意味　117, 139
インターアクション　111, 113, 124
インターネット上の資料　164, 171
インデント　171
引用　142, 154, 160
引用文の引用　164

欧文文献　163, 170
思い入れの深さ　137
オリジナリティ　95, 104, 125, 134
　——のある主張　95, 153

カ行

概念　139
書くこと　133
書くプロセス　109, 118
重なり　127
可視化　135
下線　163
考えること　133
間接的引用　164

技術　105
脚注　167
客観的な文章　142
共感　115
共著　162, 169
議論の可能性　141, 145
キーワード　98

形式　154
結論　97, 129, 133

項　156
構成　95, 96, 135
後注　167
50音順　172
異なり　127
ことばの定義　140
ことばを選ぶ　135
コメント　123, 128
根拠　95, 96, 134
コンセプト　126

サ行

自己　131
　——との対話　109, 123, 129
思考の整理　124
指示内容の明確化　163
CD-ROM　171
視点の多角化　124
自分探し　106
自分らしさ　106
重要なことばの整理　114
主観的な文章　141
主張　95, 96, 123, 134
出典　160, 169
出版権　160
章　156
事例　146
深化　124
進化　124
新聞　170

スキル　105

姓名の記載順　171
整理　124
節　156
全体の構成　135
全体から部分へ　97

想定された読者　108
想定読者との対話　109
創発　125
ソロ　111, 112, 119

タ行

タイトル　154
対話　104, 107
　　──と成長　130
　　──のプロセス　111
対話活動　130
他者　131
　　──との対話　108, 123, 124, 127
単著　169

注　154, 166
中核的理念　126
注番号　167
著作権　160

提示順　150
テーマ　131
電子メディア　171

問いの設定　129
等価交換　106

ナ行

ニュアンス　117

ハ行

ひとりごと　112
評価　104

複数箇所から引用　163
複数の著者　162
複数の文献　162

複数のページ　163
部分から全体へ　97
ブレーンストーミング　98, 126, 129
文献リスト　154, 168
文章を書く　108

傍点　163
邦訳書　163, 170
翻訳引用　163
本論　96

マ行

見出し　154, 156
　　──の階層構造　157

明確化　124

目次作成　99
モノとしての消費　106
問題提起　96, 129

ヤ行

要約　162

ラ行

リソースの拡大　124

レポート作成のプロセス　107, 133
レポートの形式　154
レポートの評価　128

論の展開　152

ワ行

和文雑誌　170
和文書籍　169

編著者略歴

細川 英雄
- 1949年　東京都に生まれる
- 1978年　早稲田大学大学院文学研究科
　　　　博士課程満期退学
- 現　在　早稲田大学大学院日本語教育
　　　　研究科教授
　　　　博士（教育学）
- 主　著　『論文作成デザイン——テーマの発見から研究の構築へ』（東京図書，2008）など

舘岡 洋子
- 1956年　横浜市に生まれる
- 1998年　早稲田大学大学院教育学研究科
　　　　博士課程満期退学
- 現　在　早稲田大学大学院日本語教育
　　　　研究科教授
　　　　博士（学術）
- 主　著　『ひとりで読むことからピア・リーディングへ』（東海大学出版会，2005）など

小林 ミナ
- 1962年　横浜市に生まれる
- 1993年　名古屋大学大学院文学研究科
　　　　博士課程満期退学
- 現　在　早稲田大学大学院日本語教育
　　　　研究科教授
　　　　博士（文学）
- 主　著　『外国語として出会う日本語』（岩波書店，2007）など

日本語ライブラリー
プロセスで学ぶ レポート・ライティング
——アイデアから完成まで——

定価はカバーに表示

2011年6月30日　初版第1刷
2012年5月15日　　　第2刷

編著者　細　川　英　雄
　　　　舘　岡　洋　子
　　　　小　林　ミ　ナ
発行者　朝　倉　邦　造
発行所　株式会社　朝　倉　書　店

東京都新宿区新小川町6-29
郵便番号　162-8707
電　話　03(3260)0141
FAX　03(3260)0180
http://www.asakura.co.jp

〈検印省略〉

© 2011〈無断複写・転載を禁ず〉　　新日本印刷・渡辺製本

ISBN 978-4-254-51525-1　C 3381　　Printed in Japan

JCOPY ＜(社)出版者著作権管理機構 委託出版物＞

本書の無断複写は著作権法上での例外を除き禁じられています。複写される場合は、そのつど事前に、(社)出版者著作権管理機構（電話 03-3513-6969，FAX 03-3513-6979，e-mail: info@jcopy.or.jp）の許諾を得てください。

◈ 日本語ライブラリー ◈

誰にでも親しめる新しい日本語学

早大 蒲谷 宏編著
日本語ライブラリー
敬語コミュニケーション
51521-3 C3381　　　　A 5 判 180頁 本体2500円

敬語を使って表現し、使われた敬語を理解するための教科書。敬語の仕組みを平易に解説する。敬語の役割や表現者の位置付けなど、コミュニケーションの全体を的確に把握し、様々な状況に対応した実戦的な例題・演習問題を豊富に収録した。

立教大 沖森卓也編著　成城大 陳　力衛・東大 肥爪周二・
白百合女大 山本真吾著
日本語ライブラリー
日 本 語 史 概 説
51522-0 C3381　　　　A 5 判 208頁 本体2600円

日本語の歴史をテーマごとに上代から現代まで概説。わかりやすい大型図表、年表、資料写真を豊富に収録し、これ1冊で十分に学べる読み応えあるテキスト。〔内容〕総説／音韻史／文字史／語彙史／文法史／文体史／待遇表現史／位相史など

立教大 沖森卓也編著　拓殖大 阿久津智・東大 井島正博・
東洋大 木村 一・慶大 木村義之・早大 笹原宏之著
日本語ライブラリー
日 本 語 概 説
51523-7 C3381　　　　A 5 判 176頁 本体2300円

日本語学のさまざまな基礎的テーマを、見開き単位で豊富な図表を交え、やさしく簡潔に解説し、体系的にまとめたテキスト。【内容】言語とその働き／日本語の歴史／音韻・音声／文字・表記／語彙／文法／待遇表現・位相／文章・文体／研究

奈良大 真田信治編著
日本語ライブラリー
方　　　言　　　学
51524-4 C3381　　　　A 5 判 228頁 本体3500円

方言の基礎的知識を概説し、各地の方言を全般的にカバーしつつ、特に若者の方言運用についても詳述した。〔内容〕概論／各地方言の実態／（北海道・東北、関東、中部、関西、中国・四国、九州、沖縄）／社会と方言／方言研究の方法

前大阪教育大 中西一弘編
新版 やさしい文章表現法
51032-4 C3081　　　　A 5 判 232頁 本体2600円

文章をいかに適切に書けるかは日常的な課題である。多くの例を掲げ親しみやすく説いた，文章表現法の解説・実践の手引き。〔内容〕気楽にちょっと／短い文章（二百字作文）を書いてみよう／書く生活を広げて／やや長い文章を書いてみよう／他

早大 桜井邦朋著
アカデミック・ライティング
―日本文・英文による論文をいかに書くか―
10213-0 C3040　　　　B 5 判 144頁 本体2800円

半世紀余りにわたる研究生活の中で，英語文および日本語文で夥しい数の論文・著書を著してきた著者が，自らの経験に基づいて学びとった理系作文の基本技術を，これから研究生活に入り，研究論文等を作る，次代を担う若い人へ伝えるもの。

高橋麻奈著
入門テクニカルライティング
10195-9 C3040　　　　A 5 判 176頁 本体2600円

「理科系」の文章はどう書けばいいのか？ベストセラー・ライターがそのテクニックをやさしく伝授〔内容〕テクニカルライティングに挑戦／「モノ」を解説する／文章を構成する／自分の技術をまとめる／読者の技術を意識する／イラスト／推敲／他

前早大 中村　明・早大 佐久間まゆみ・
お茶の水大 高崎みどり・早大 十重田裕一・
共立女子大 半沢幹一・早大 宗像和重編
日本語 文章・文体・表現事典
51037-9 C3581　　　　B 5 判 848頁 本体19000円

文章・文体・表現にその技術的な成果としてのレトリック，さらには文学的に結晶した言語芸術も対象に加え，日本語の幅広い関連分野の知見を総合的に解説。気鋭の執筆者230名余の参画により実現した，研究分野の幅および収録規模において類を見ないのが国初の事典。〔内容〕文章・表現・レトリックの用語解説／ジャンル別文体／文表現の基礎知識／目的・用途別文章作法／近代作家の文体概説／表現鑑賞／名詩・名歌・名句の表現鑑賞／文章論・文体論・表現論の文献解題

上記価格（税別）は 2012 年 4 月現在